青木和子の刺しゅう
EMBROIDERED
庭の花図鑑
GARDEN FLOWERS

文化出版局

Embroidered Garden Flowers

Contents

page		
6-7	**Viola**	ビオラ
8-9	**Pansy**	パンジー
10	**Daisy**	デイジー
11	**Forget me not**	ワスレナグサ
12	**Rose**	バラ
13	**Sweet woodruff**	スィートウッドラフ
14	**Crocus, Narcissus, Muscari**	クロッカス、スイセン、ムスカリ
15	**Chionodoxa, Scilla, Snowdrop**	チオノドクサ、シラー、スノードロップ
16	**Wild strawberry**	ワイルドストロベリー
17	**Chamomile**	カモミール
18	**Lily of the valley**	スズラン
19	**Chocolate cosmos**	チョコレートコスモス
20	**Erigeron**	エリゲロン
21	**Poppy**	ポピー
22	**Geranium**	ゲラニウム
23	**Nicotiana**	ニコチアナ
24-25	**Blue flowers**	ブルーフラワー ブラキカム、ブルーレースフラワー、ブルースター、アゲラタム ニゲラ、ネモフィラ、フラックス

page		
28	Flannel flower	フランネルフラワー
29	Fritillaria	フリチラリア
30	Digitalis	ジキタリス
31	Aegopodium	エゴポディウム
32-33	Zinnia	ジニア エンビー、オクラホマラックス、ファンタスティックライトピンク、リネアリス
34	Linaria	リナリア
35	Cosmos	コスモス
36-37	Clovers	クローバー レッドクローバー、シャムロック、ブラッククローバー ホワイトクローバー、ブルークローバー
38	Verbena	バーベナ
39	Clematis	クレマチス
40-41	Lavender	ラベンダー ラベンダー・ピナータ、ラベンダー・デンタータ、ラベンダー・ストエカス
42	Allium	アリウム
43	Lady's mantle	レディースマントル
44	Campanula	カンパニュラ
45	Anemone	アネモネ
46-47	Garden jewels	ガーデンジュエル ジューンベリー、ヤツデ、ヒペリカム、マートル、ローズヒップ ナンテン、アオキ、ブラックベリー、コクリュウ、スノーベリー

page	
4	Introduction
27	Message
48	How to make

スケッチは描くよりも、よく見ることが大切。
これは、絵を描き始めたころに幾度となく言われた言葉です。
花の刺しゅうも同じで、
スケッチをした花や身近な花は
色や形が、すっと頭の中の引出しから出てきます。
でも、刺しゅうしたい花が庭にも引出しにもないとき、
花の図鑑が私の参考書。
写真だけの本、写真と図版が載っているタイプなどいろいろあります。
中でも、精緻なボタニカルアートの図鑑は、
1ページの中に、植物の根や葉の拡大図が描かれていて
じっと見ていると、
自分が蜂か蠅くらいのサイズになり、
植物のまわりをゆっくり移動しているような
不思議な気分になります。
きっと、絵を描いた人と同じ目線になっているのでしょう。

この刺しゅうの花図鑑は、
春から刺し始めて、終わったのは晩秋。
今まで育てたことのある花、愛着のある花を63種選びました。
本物の図鑑の正確さはありませんが、
色の組合せにはこだわりました。
この花図鑑が、
花を愛する刺しゅう好きの方々の手引書となり、
布の上に繰り広げられる楽しさを共有できれば、
こんなにうれしいことはありません。

アトリエにて   青木和子

7
>see p.55

Pansy

Pink

Blue

Apricot

Yellow

White

Daisy

Forget-me-not

Rosa

Sweet woodruff

>see p.61

Chionodoxa   Scilla   Snowdrop

Wild strawberry

Chamomile

17
>see p.65

Lily-of-the-valley

Chocolate cosmos

Erigeron

Poppy

>see p.69

Geranium

Nicotiana

Blue Flowers

Brachyscome

Blue laceflower

Blue star

Ageratum

刺しゅうをしているとき、
ディテールに迷ったら庭に出て、
色や形を確かめることがよくあります。
色は葉と花のコントラスト、
形でいえば、見え方ではなく構造。
それがわかっていると、どんなに単純化しても、
花のエッセンスが伝えられます。

そして、一年を通じて花と過ごしていると
最初の葉をそっと開き、
つぼみをふくらませて開花、
子孫を残すべく種を振りまく過程まで
そのすべてが、花の魅力だとわかります。

Flannel flower

Fritillaria

Digitalis

Aegopodium

Zinnia

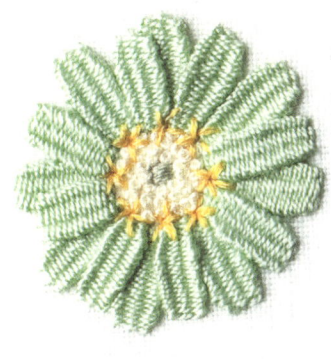

'Envy'

'Oklahoma Lau'

'Fantastic Light Pink'

Linearis

Linaria

Cosmos

Clovers

Red clover

Shamrock

Black clover

White clover

Blue clover

Verbena

Clematis

>see p.85

Lavender

L. pinnata

L. dentata

L. stoechas

1

2

3

4

Allium

Lady's mantle

43
>see p.89

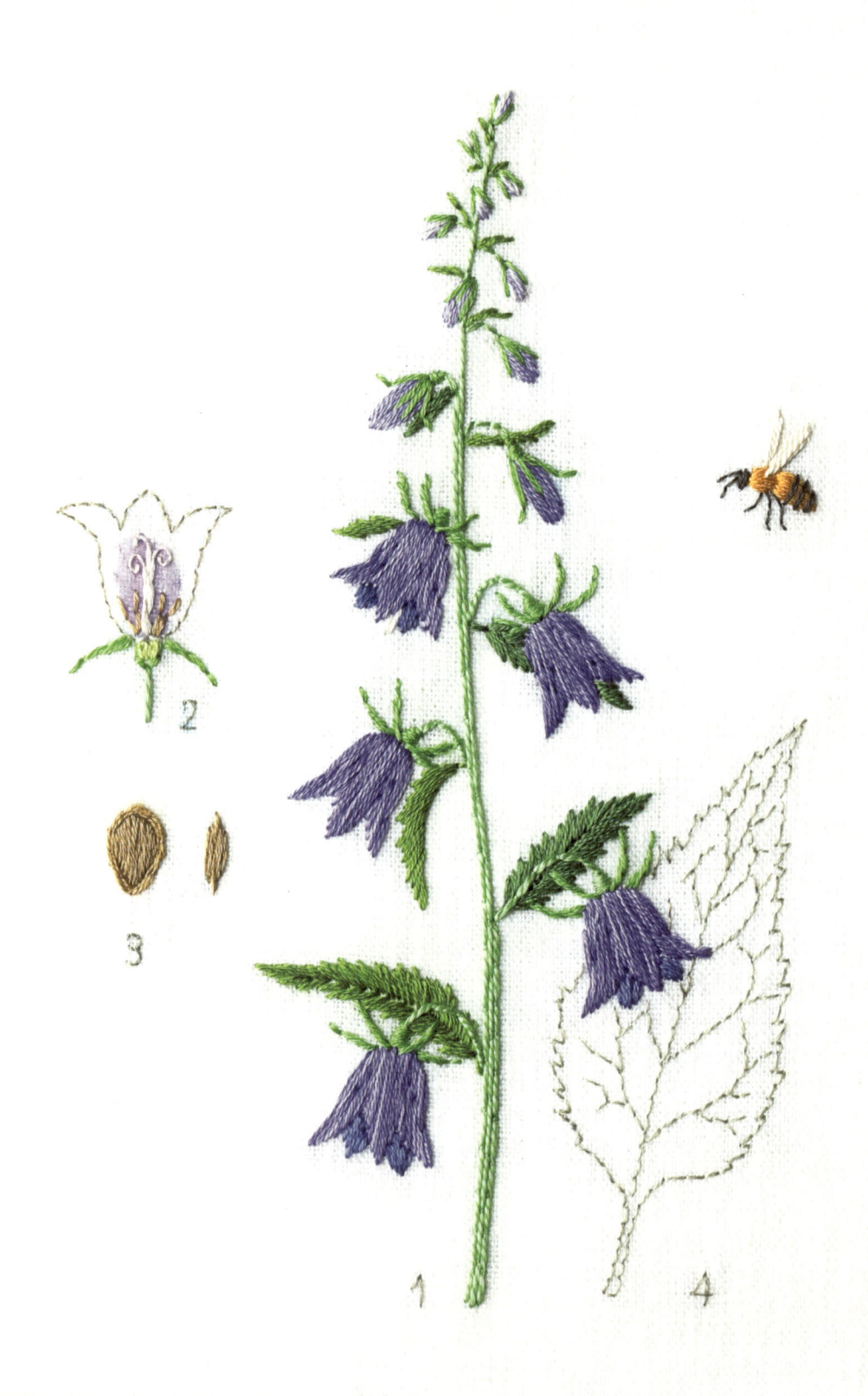

Campanula

Anemone

Garden Jewels

Juneberry

Yatsude

Hypericum

Rose hip

Myrtle

Nantan

Aoki

Blackberry

Kokuryu

Snowberry

HOW TO MAKE

刺しゅうをするときに

＊ 糸のこと

この本では、おもにDMCの刺しゅう糸を使用しています。5番、8番刺しゅう糸、麻刺しゅう糸はそのまま1本どりで刺しゅうします。25番刺しゅう糸は細い糸6本でゆるくよられているので、使用する長さ(50～60cmが最も使いやすい)にカットした後で1本ずつ引き抜き、指定の本数を合わせて使います(この本では指定がない場合は3本どり)。

2色以上の糸を合わせて針に通して刺しゅうすることを、「引きそろえ」と言います。色が混ざり合って深みが増し、効果的です。

この本の作品のコーチングステッチは、押さえている糸を目立たせたくないので、特に指定がない場合は25番1～3本どり、5番糸は同色の25番1本どりで押さえています。麻糸の場合は、似たような色の25番1本どりを使用します。

＊ 針のこと

刺しゅう糸と針の関係はとても大切。糸の太さに合わせて、針を選んでください。針先のとがったものを使用します。

　5番刺しゅう糸1本どり……フランス刺しゅう針No.3～4
　8番刺しゅう糸1本どり……フランス刺しゅう針No.5～6
　25番刺しゅう糸2～3本どり……フランス刺しゅう針No.7
　25番刺しゅう糸1本どり……細めの縫い針
　麻刺しゅう糸1本どり……フランス刺しゅう針No.7

＊ 布地のこと

この本の作品は麻100％の布地を使い、30cm幅40cm(A3サイズ程度)の中央に刺しゅうしました。その後の仕立ての方法にもよりますが、パネルや額に入れる場合は、図案のまわりに10cm以上の余白をつけておきます。

刺しゅうをする布地の裏面には必ず片面接着芯(中厚程度)をはります。布の伸びがなくなり、裏に渡った刺しゅう糸が表側に響かず、仕上がりが格段によくなります。

＊ 図案のこと

図案は、実物大で掲載しています。まず、トレーシングペーパーに写し取ります。さらに、布地の表面にチョークペーパー(グレーがおすすめ)と図案を描いたトレーシングペーパー、セロファンを重ねて、手芸用鉄筆で布地に写します。

＊ 枠のこと

刺しゅうをするときは、布地を枠に張るときれいに仕上がります。小さいものは丸枠、大きなものはサイズに合わせて、文化刺しゅう用の四角の枠を使います。

＊ 私のこつ　花を刺しゅうするとき

- 茎→枝→花と順番に刺したり、葉を刺したり、全体を見ながら進めます。茎は5番糸を使い、コーチングステッチで刺しゅうすることが多く、花の中心と合うように、基本は上から下へ。真っすぐより、曲線で少し柔らかさを加えると、自然な仕上がりになります。根もとは太く、枝先は細くします。

- 花は外側から中心に向かって、刺しゅうします。花びらは真ん中から刺し始め、左右を仕上げます。小さい花(ワスレナグサなど)も、中心、右、左と刺したほうが形が取りやすいです。中央の花心、おしべやめしべは、最後に乗せるようにふんわりと。

- 葉は種類によって違いますが、紡錘形のタイプは先端から付け根に向かって、刺し進めます。刺す前に、どれくらいの角度で刺しゅうをすると納まるかイメージします。途中で少しずつ角度を変えることもあります。

- どの刺しゅうにも言えることですが、刺しゅうをする前にイメージすることが大切。ころんとした感じとか、柔らかい感じなど。イメージに近づけていくと、図案と違っても、ステッチがそろわなくても仕上がりは、自分の感覚に合った刺しゅうになります。

- 実物の花の色が多種類ある場合は、色を変えた刺しゅうもできます。その時は、花の色と同じ色の糸を選ぶより、近い色味でぴんとくる色(好きな色)を選ぶことをお勧めします。

刺しゅうのステッチ

図案の中では、ステッチを「S」と省略しています。

ランニングステッチ

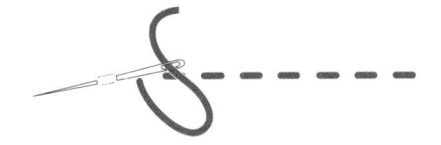

ステッチを入れたいけれど、目立たせたくない場合に使います。

バックステッチ

線刺しで、すっきりと仕上がります。カーブを刺すときは、針目を細かくします。葉の柄や茎の先端などに使っています。

アウトラインステッチ

ボリュームとテクスチュア感のある線刺しになります。並べて刺して面刺しにも使うこともあります。茎や根に使っています。

コーチングステッチ

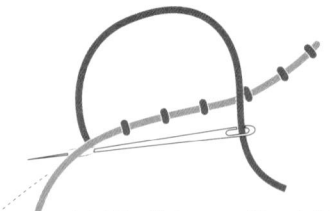

自由な線が描けるので、細かい文字も刺せます。茎は5番糸で力強く。押さえる糸をコンパクトにするときれいに仕上がります。

ストレートステッチ

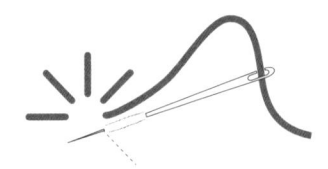

シンプルなステッチですが、使い方で刺しゅうが生きます。細い花びらや植物の細部に使います。

スプリットステッチ

並べて面刺しによく使います。葉などの広い面を刺し埋めても重くなりません。やや長めの針目のほうが平らに仕上がります。

サテンステッチ

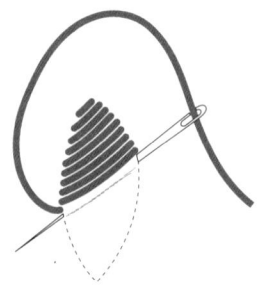

光沢感とフラットさが、花びらにぴったり。葉にも使います。糸の引き具合をそろえるときれいに仕上がります。

ロングアンドショートステッチ

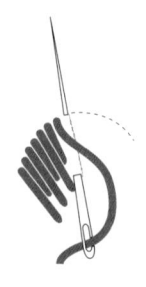

広い面積の花びら(パンジーなど)によく使います。必ず図案の外側から針を出し、中心側に針を入れます。

フライステッチ

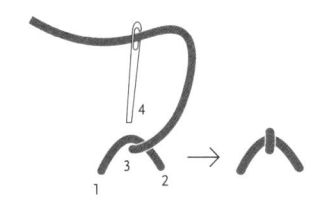

おもにがくとしてつぼみを包むように使います。止める糸の長さで茎の表現もできます。

リーフステッチ

葉脈も同時に刺すことができる便利なステッチ。V字の形を意識して刺し進めて、最後まで葉の形に納めるのがこつ。

フレンチナッツステッチ
(2回巻きの場合)

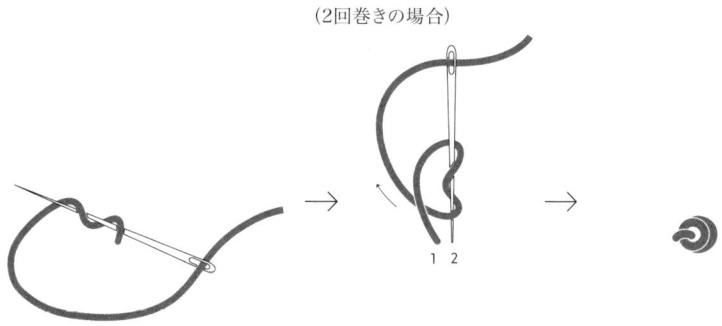

花心や小さなつぼみ、種などに使います。糸の引き方で、固い感じにもふわっとした感じにもなります。

チェーンステッチ

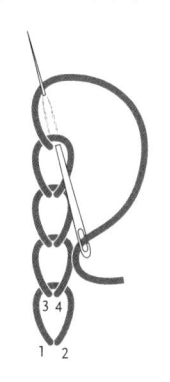

今回の作品では使用していませんが、糸の引き具合を強めにしてチェーンを細くすると、ボリュームのある線刺しに使えます。

レゼーデージーステッチ

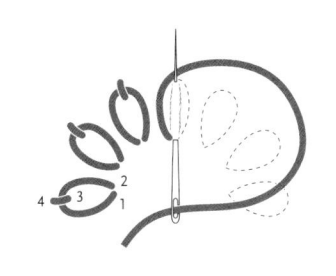

小さな花びらやがくに使います。中の空間を埋めるためにストレートステッチと組み合わせることもあります。糸の引き具合で形の調整ができます。

ウィービングステッチ

A 幅の狭い花びらを刺す場合は、芯糸を2本にします。アリウム(page42-3)の花に使っています。

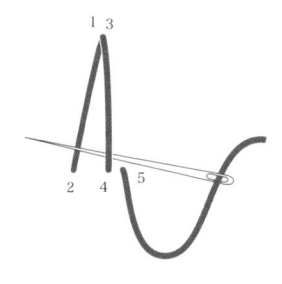

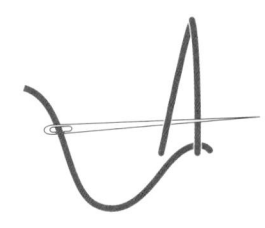

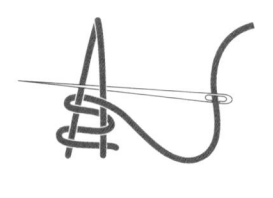

B ワイルドストロベリー(page16)の先がとがった花びらや、蜂(page25)の羽は芯糸を3本に。糸の引き方で幅が変化します。

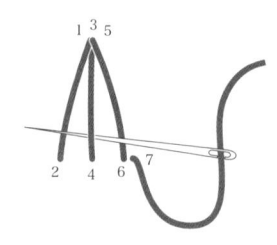

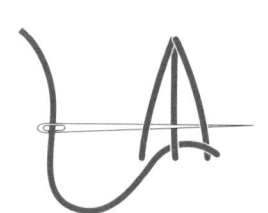

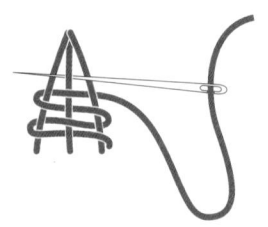

C ジニア(page32,33)のような先が平らな花びらは、芯糸3本の先を離してステッチをします。

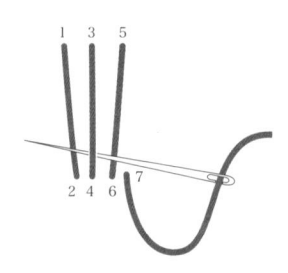

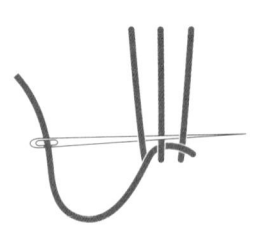

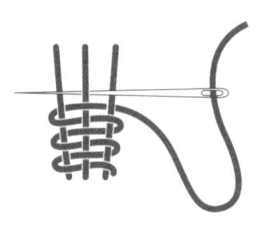

D 幅の広い花びらを刺す場合は芯糸を5本にして、図案に合わせて根もとは細めに、先端は幅を広げて高低差をつけます。花びらの先が丸くなるように、最後は芯糸3本だけに針を通してカーブを作ります。コスモス(page35-2)の花びらに。

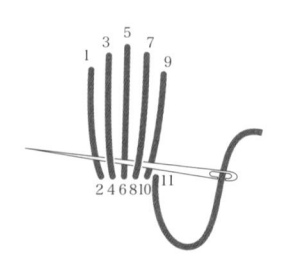

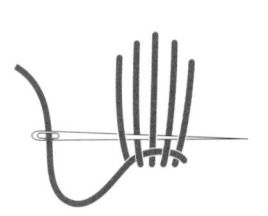

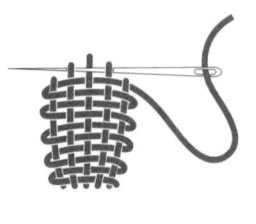

刺し方の順序

ワイルドストロベリー　page16,64

1
5番糸のコーチングSで真ん中の太い茎を上から下に向かって2本並べて刺し、左右の細い茎を刺す。

2
根の太い部分を下から上に向かってアウトラインSを並べて刺し、細い根を刺す。次に、手前側に見える葉を刺す。葉は縁から針を出し、中心の線に針を入れる。

3
奥に見える葉を刺したら、花びら、つぼみを刺す。花の正面は、中心をサテンSで埋める。

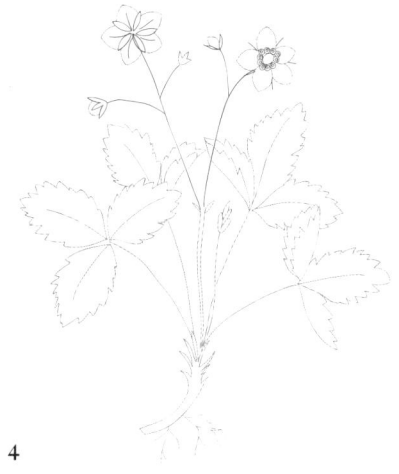

4
がくを刺したら、細い茎を下から上に向かって刺し、花の中心と合わせる。最後に、フレンチナッツSを花心のまわりに一周並べて刺す。

ジニア　エンビー　page33,79

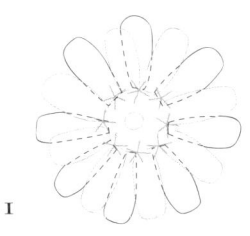

1
下側に重なっている花びらを、ウィービングSのCで刺す（図案に線のない部分も花びらは重なっている）。

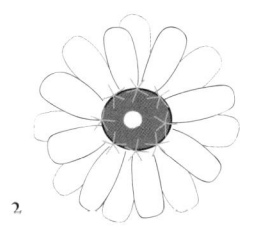

2
上側に重なっている花びらもウィービングSのCで刺す。次に花心をフレンチナッツSで埋める。

3
さらに中心をサテンSで埋めたら、花びらと花心の境目に5本のストレートSを星形にのせる。

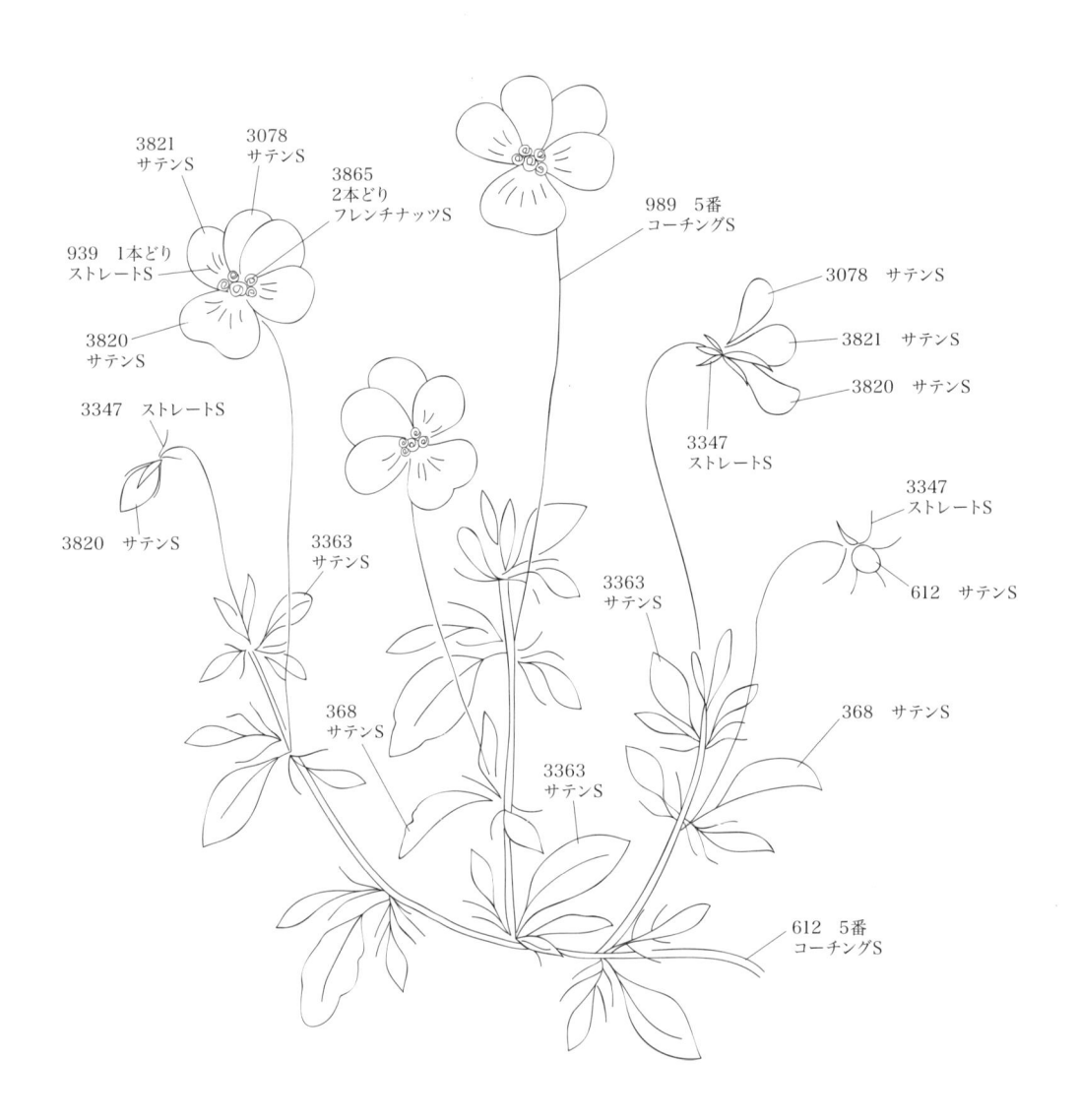

科名：スミレ科 / 学名：*Viola × wittrockiana* / 別名：サンシキスミレ 原産地：北ヨーロッパ / 草丈：10cm〜20cm / 開花期：11月〜5月	寒いころからずっと咲き続ける人気のビオラは、色数が多く選ぶのに悩むほど。配色を考えて、毎年、種から育てています。

3821　サテンS
3078　サテンS
3865　2本どり　フレンチナッツS
939　1本どり　ストレートS
3820　サテンS
989　5番　コーチングS
3078　サテンS
3821　サテンS
3820　サテンS
3347　ストレートS
3347　ストレートS
3820　サテンS
3363　サテンS
3363　サテンS
3347　ストレートS
612　サテンS
368　サテンS
3363　サテンS
612　5番　コーチングS
646　2本どり　コーチングS

Viola

ビオラ　page 6

［材料］DMC刺しゅう糸25番＝368, 3347, 3363, 3078, 3821, 3820, 3348, 612, 3865, 939, 646　5番＝989, 612
［ポイント］すべての花びらを中心に向かって刺しゅうしてから、中心のフレンチナッツステッチを加えます。
ひげを入れると、花がいきいきしてきます。点・線・面のそろった刺しゅうの生きる花です。

A
- 3747 2本 ┐引きそろえ
- 340 1本 ┘サテンS
- 3348 フレンチナッツS
- 340 2本 ┐引きそろえ
- 156 1本 ┘サテンS
- 3865 2本どり ストレートS
- 3820 サテンS
- 791 1本どり ストレートS

B
- 989 5番 コーチングS
- 327 サテンS
- 822 サテンS
- 939 1本どり ストレートS
- 3822 サテンS
- 327 ストレートS

C
- 554 サテンS
- 844 1本どり ストレートS
- 209 サテンS
- 822 サテンS

D
- 3827 サテンS
- 977 サテンS
- 3860 サテンS
- 3371 1本どり ストレートS

E
- 3835 サテンS
- 154 サテンS
- 939 1本どり ストレートS

F
- 823 サテンS
- 823 1本どり ストレートS
- 3807 サテンS
- 823 ストレートS
- 823 ストレートS

- 3347 5番 ストレートS レゼーデージーS
- 327 サテンS

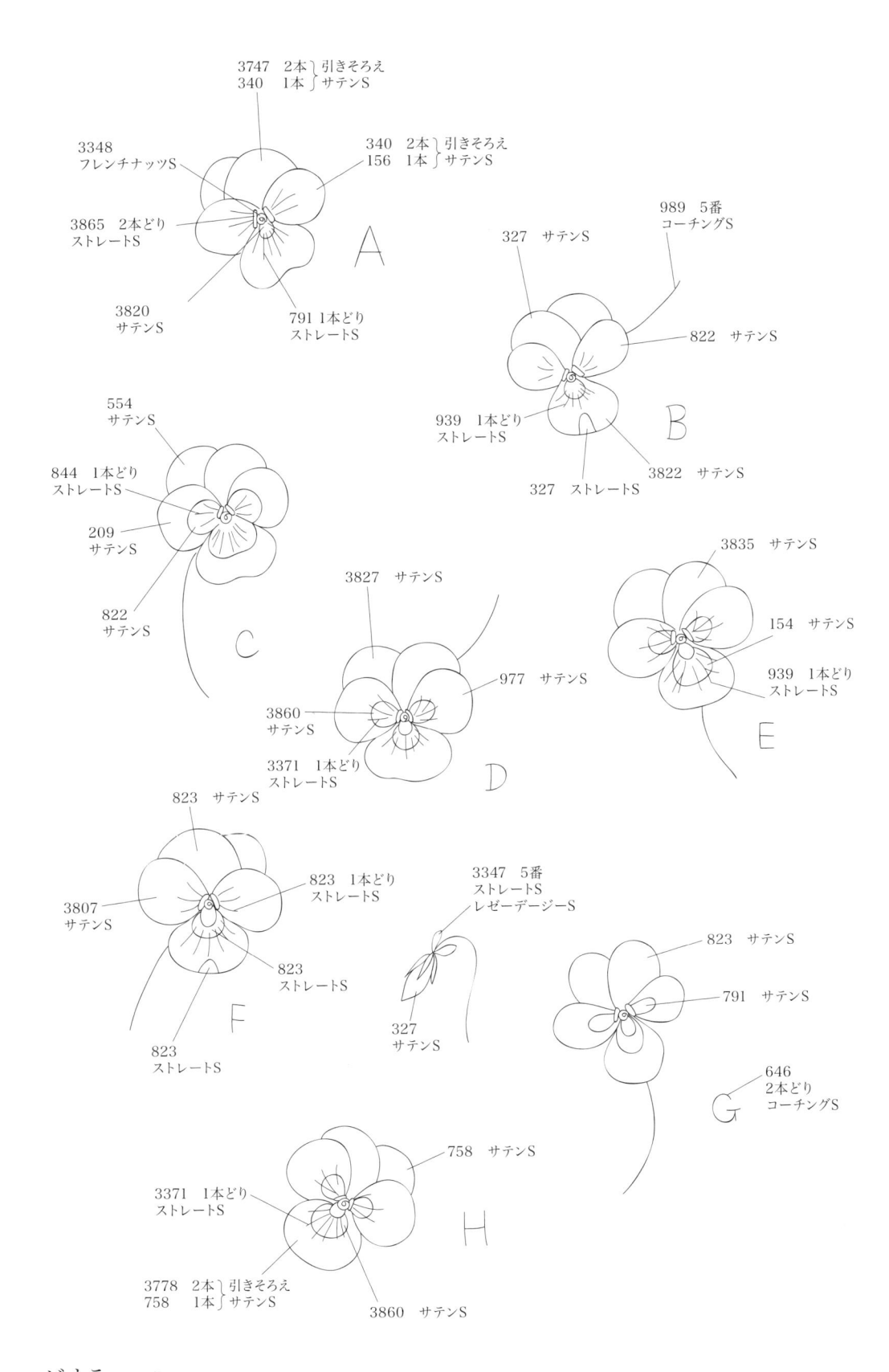

G
- 823 サテンS
- 791 サテンS
- 646 2本どり コーチングS

H
- 758 サテンS
- 3371 1本どり ストレートS
- 3778 2本 ┐引きそろえ
- 758 1本 ┘サテンS
- 3860 サテンS

ビオラ page 7

[材料] DMC刺しゅう糸25番＝3747, 156, 340, 791, 327, 3822, 822, 939, 554, 209, 822, 844, 3827, 977, 3860, 3371, 3835, 154, 3807, 823, 791, 823, 758, 3778, 3371, 327　5番＝989, 3347, 646, 3865, 3820, 3348

| 科名：スミレ科 / 学名：*Viola × wittrockiana* / 別名：サンシキスミレ | パンジーとビオラの区別がつきにくくなっていますが、フリルのか |
| 原産地：北ヨーロッパ / 草丈：10cm〜20cm / 開花期：11月〜5月 | かった動きのある花や、複雑に変化する色はパンジーならでは。 |

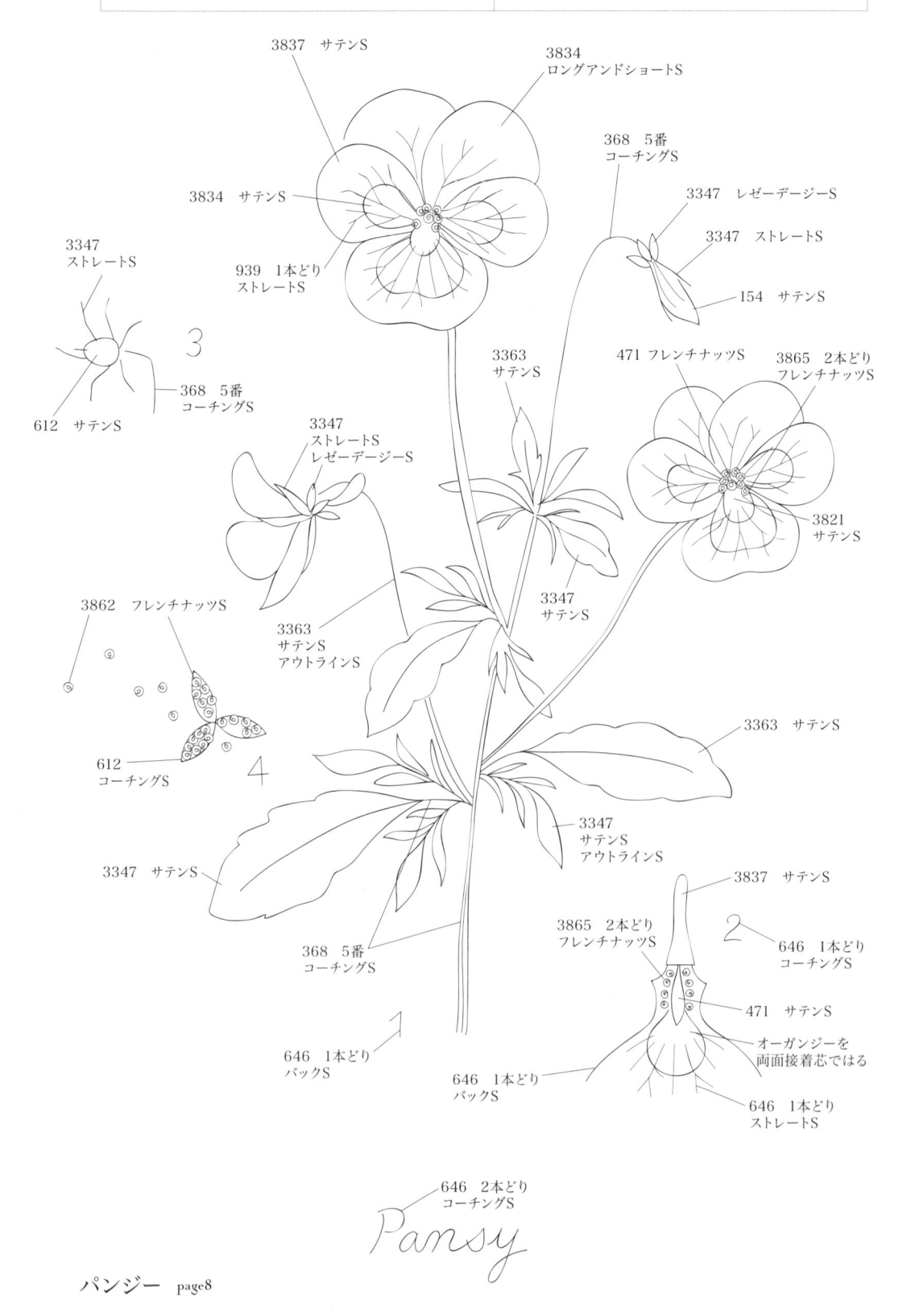

3837　サテンS
3834　ロングアンドショートS
368　5番　コーチングS
3347　レゼーデージーS
3834　サテンS
3347　ストレートS
3347　ストレートS
939　1本どり　ストレートS
154　サテンS
3363　サテンS
471　フレンチナッツS
3865　2本どり　フレンチナッツS
612　サテンS
368　5番　コーチングS
3347　ストレートS　レゼーデージーS
3821　サテンS
3347　サテンS
3363　サテンS　アウトラインS
3862　フレンチナッツS
3363　サテンS
612　コーチングS
3347　サテンS　アウトラインS
3347　サテンS
3837　サテンS
3865　2本どり　フレンチナッツS
646　1本どり　コーチングS
368　5番　コーチングS
471　サテンS
オーガンジーを両面接着芯ではる
646　1本どり　バックS
646　1本どり　バックS
646　1本どり　ストレートS
646　2本どり　コーチングS

Pansy

パンジー　page8

[材料] DMC刺しゅう糸25番＝368, 3347, 3363, 471, 3837, 3834, 154, 3821, 612, 3862, 3837, 3865, 939, 646　5番＝368
[ポイント] 一本どりのひげは、引きすぎないようにふんわりとのせます。

Pink

- 844　1本どり　ストレートS
- 153　1本 ┐ 引きそろえ
- 3609　2本 ┘ サテンS
- 3835　サテンS
- 3347　5番　コーチングS

Blue

- 646　2本どり　コーチングS
- 156　サテンS
- 3807　ロングアンドショートS
- 3346　2本 ┐ 引きそろえ
- 3807　1本 ┘ サテンS
- 791　1本どり　ストレートS
- 3347　5番　コーチングS

Apricot

- 785　ロングアンドショートS
- 758　サテンS
- 758　2本 ┐ 引きそろえ
- 760　1本 ┘ サテンS
- 758　1本 ┐ 引きそろえ
- 760　2本 ┘ サテンS
- 3860　1本どり　ストレートS
- 368　5番　コーチングS

Yellow

- ロングアンドショートS
- 676　サテンS
- 3822　サテンS
- 938　サテンS
- 3865　2本どり　フレンチナッツS
- 3348　フレンチナッツS
- 310　1本どり　ストレートS
- 3821　サテンS
- 368　5番　コーチングS
- 3347　サテンS
- 3347　アウトラインS

White

- 822　ロングアンドショートS
- 822　サテンS
- 154　サテンS
- 3347　5番　コーチングS
- 939　1本どり　ストレートS

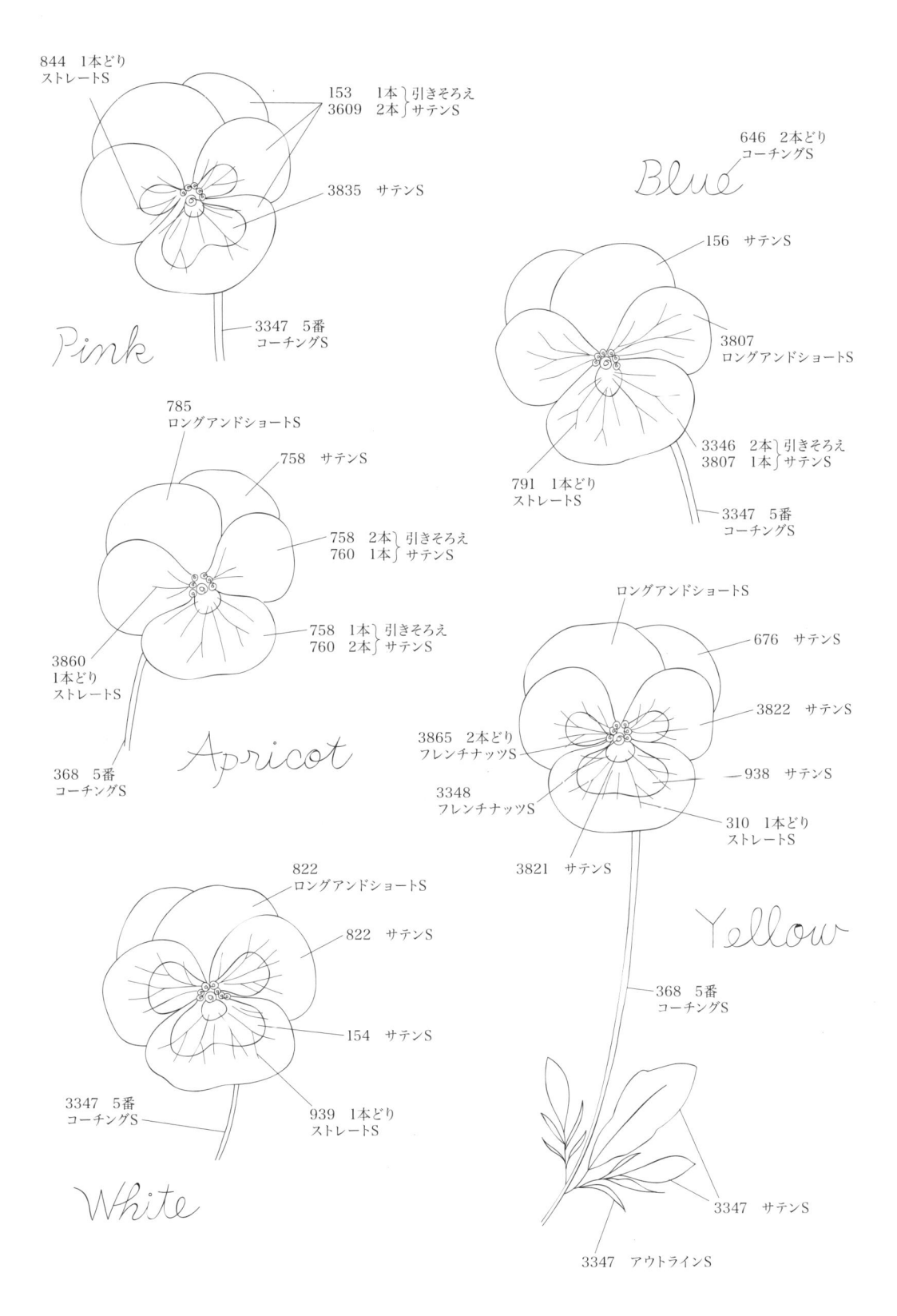

パンジー　page9

[材 料] DMC刺しゅう糸25番＝3347, 3348, 3821, 3865, 156, 3807, 3746, 791, 822, 154, 939, 153, 3609, 3835, 844, 758, 760, 3860, 3822, 676, 938, 310, 646, 368, 3347　5番＝368, 3347

科名：キク科 / 学名：*Bellis perennis* / 別名：ヒナギク
原産地：ヨーロッパ、トルコ / 草丈：10～15cm / 開花期：3月～7月

モデルは昔から恋占いに使われている'イングリッシュデイジー'。
花びらのピンク色が透けて、ピンク色の縁取りのように見えます。

- 844　2本どり　ストレートS
- 844　1本どり　ストレートS
- 729　サテンS
- 712　8番　ウィービングS（B・芯糸3本）
- 844　2本どり　ストレートS
- 844　1本どり　ストレートS
- 3821　フレンチナッツS
- 988　2本どり　バックS
- 3354　ストレートS
- ECRU　レゼーデージーS
- 988　レゼーデージーS
- 989　5番　コーチングS
- 988
- 3354　サテンS
- 3363　サテンS
- 988　レゼーデージーS
- 368　サテンS
- 988
- 988　アウトラインS
- 988
- 368　アウトラインS
- 3863　ストレートS
- 646　1本どり　ストレートS
- 3821　1本どり　ストレートS
- ECRU　スプリットS
- 3821　ストレートS
- 3821　レゼーデージーS
- ストレートS
- 646　1本どり　コーチングS
- ECRU　ストレートS
- 麻糸L904を3863　1本どりでコーチングS
- 612　1本どり　ストレートS
- ECRU　ストレートS

Daisy

646　2本どり　コーチングS

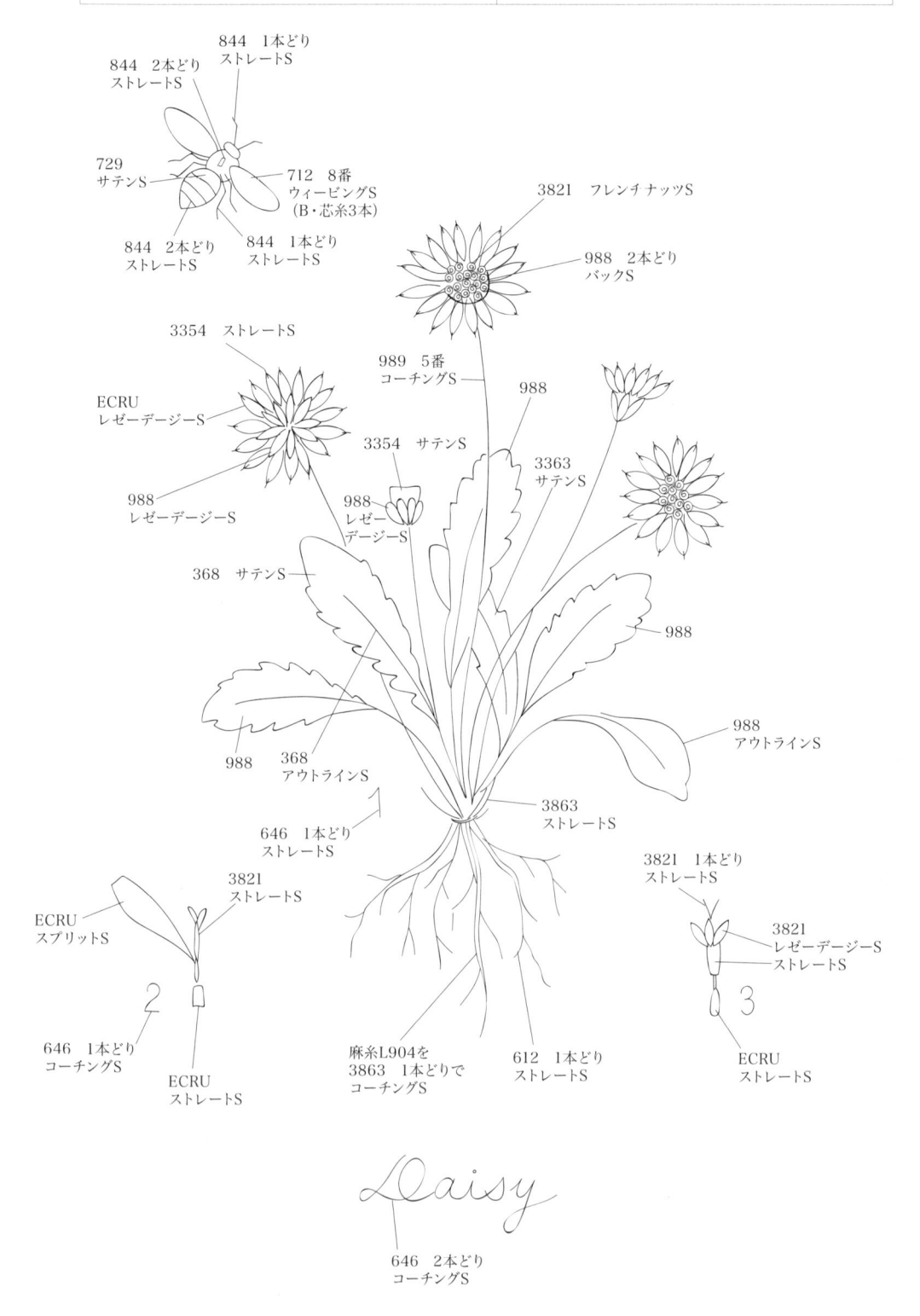

デイジー　page10

［材　料］DMC刺しゅう糸25番＝988, 368, 3363, 3821, ECRU, 3354, 3863, 646, 612, 729, 844　5番＝989　8番＝712
AFE麻刺しゅう糸＝L904
［ポイント］茎と葉の重なりを見て、順番に刺します。花びらは白のレゼーデージーSの先端にピンクでストレートSを加えます。

| 科名：ムラサキ科 / 学名：*Myosotis sylvatica* / 別名：エゾムラサキ
原産地：ヨーロッパ、アジア / 草丈：10〜40cm / 開花期：5月〜7月 | こぼれ種であちらこちらに広がる、春の定番のブルーの花。
一つの花は小さいけれど、群生すると水色が際だちます。 |

157　サテンS
3821　2本どり
レーゼーデージーS
3347　2本どり
フレンチナッツ

3363
サテンS

3347
1本どり
ストレートS

3347
ストレートS

778
ストレートS

3347
ストレートS

3347　1本どり
ストレートS

3363

368

368　サテンS

368

ブルーの麻を
両面接着芯ではる

3347　サテンS

2

3347　5番
コーチングS

3821　2本どり
ストレートS

3364　サテンS

ブルーの麻を
両面接着芯ではる

ベージュの麻を
両面接着芯ではる

646　1本どり
ストレートS

368　リーフS

3

646　1本どり
コーチングS

麻糸L904を
612　1本どりで
コーチングS

612　1本どり
ストレートS

Forget-me-not

646　2本どり
コーチングS

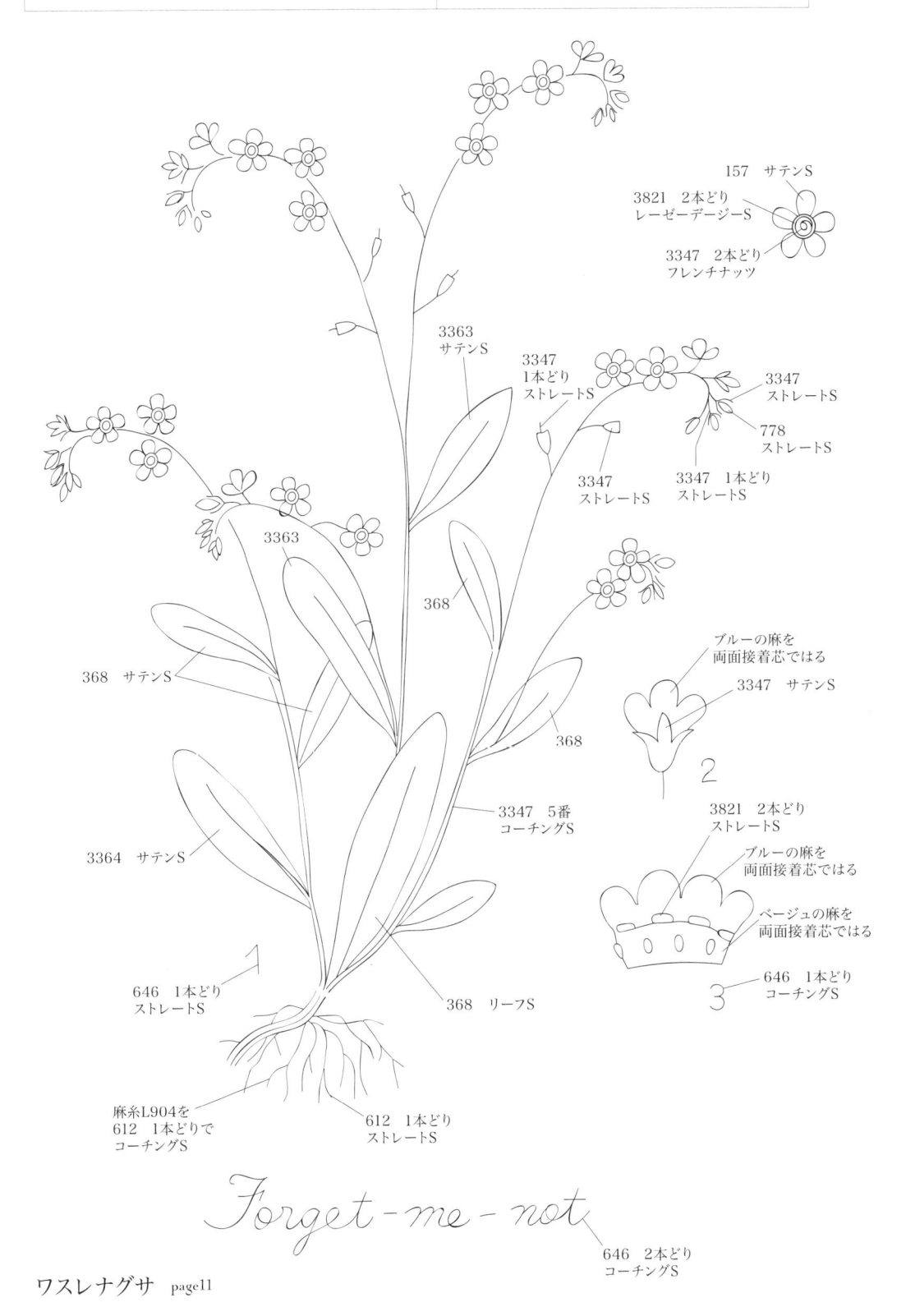

ワスレナグサ　page11

[材料] DMC刺しゅう糸25番＝3347, 368, 3363, 3364, 157, 778, 3821, 612, 646　5番＝3347　AFE麻刺しゅう糸＝L904
（DMC25番612を2本どりでも可）　別布＝麻（ブルー、ベージュ）少々　両面接着芯＝少々
[ポイント] 花びらは中心に1本刺し、左右に刺し足すと、小さい花びらも形がとりやすくなります。

科名：バラ科 / 学名：*Rosa*
原産地：北半球 / 草丈：1〜2m / 開花期：5月〜11月

花の女王にたとえられ、私の庭にもなくてはならない華やかな主役。
香りも特別。モデルは、'ジ・アレキサンドラローズ'。

819　ロングアンドショートS
3770　ロングアンドショートS
760　サテンS
　　　ストレートS
989　ストレートS
989　サテンS
760　サテンSをした上に
3022　フレンチナッツS
3363　リーフS
729　1本どり
　　　フレンチナッツS
988　リーフS
3022　1本どり
　　　ストレートS
988　アウトラインS
3363
3363
729　フレンチナッツS
760　ストレートS
3348　サテンS
3790　1本どり
　　　フレンチナッツS
3776　サテンS
729　1本どり
　　　ストレートS
3790　1本どり
　　　フレンチナッツS
3053　サテンS
　　　ストレートS
989　サテンS
3348　ストレートS
989　5番
　　　コーチングS
646　1本どり
　　　コーチングS
646　1本どり
　　　ストレートS
989　5番
　　　コーチングS
646　2本どり
　　　コーチングS

Rose

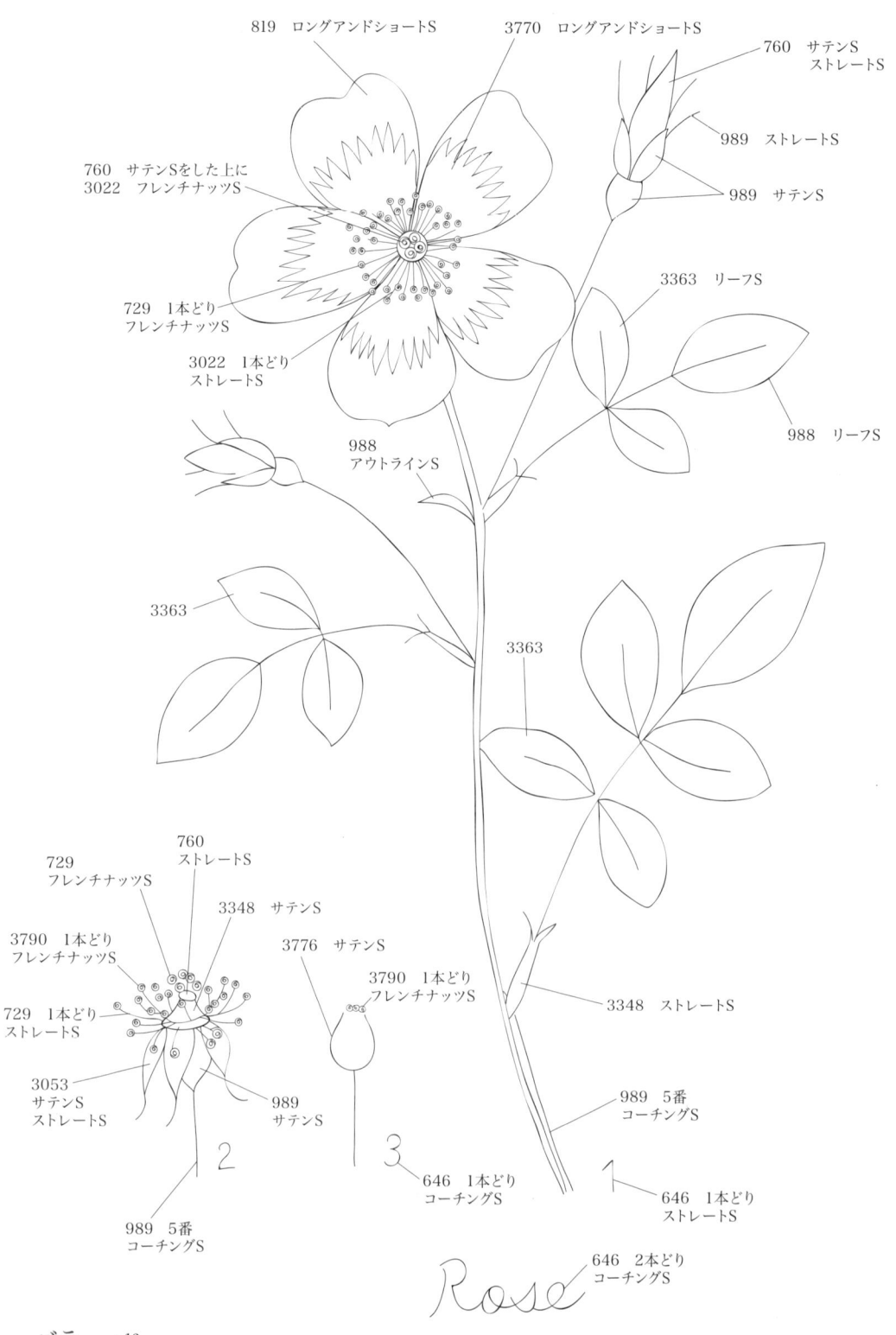

バラ　page12

[材料] DMC刺しゅう糸25番＝989、988、3363、3348、3053、3770、819、760、3776、3022、729、3790、646　5番＝989
[ポイント] おしべが花びらのサテンステッチの中に埋もれやすいので、ふんわりとのせるように刺します。

| 科名：アカネ科 / 学名：*Asperula odorata* / 別名：クルマバソウ | ハーブの仲間で、葉を乾燥させて使います。 |
| 原産地：南ヨーロッパ、北アフリカ / 草丈：20〜60cm / 開花期：5〜6月 | 放射状に広がる車輪のような葉と小さな白い花が印象的。 |

ECRU
レゼーデージーS

470　3本どり10回巻き
フレンチナッツS

470
フレンチナッツS

3822　フレンチナッツS

471　サテンS

217　8番
ウィービングS
（B・芯糸3本）

471　1本どり
ストレートS

471　2本どり
コーチングS

470
レゼーデージーS

217　8番
サテンS

471　サテンS

別布を
両面接着芯ではる

3782　2本どり
コーチングS

646　1本どり
コーチングS

470
サテンS

470　5番
コーチングS

471
サテンS

646　1本どり
ストレートS

麻糸L905を
612　1本どりで
コーチングS

612　2本どり
コーチングS

646　2本どり
コーチングS

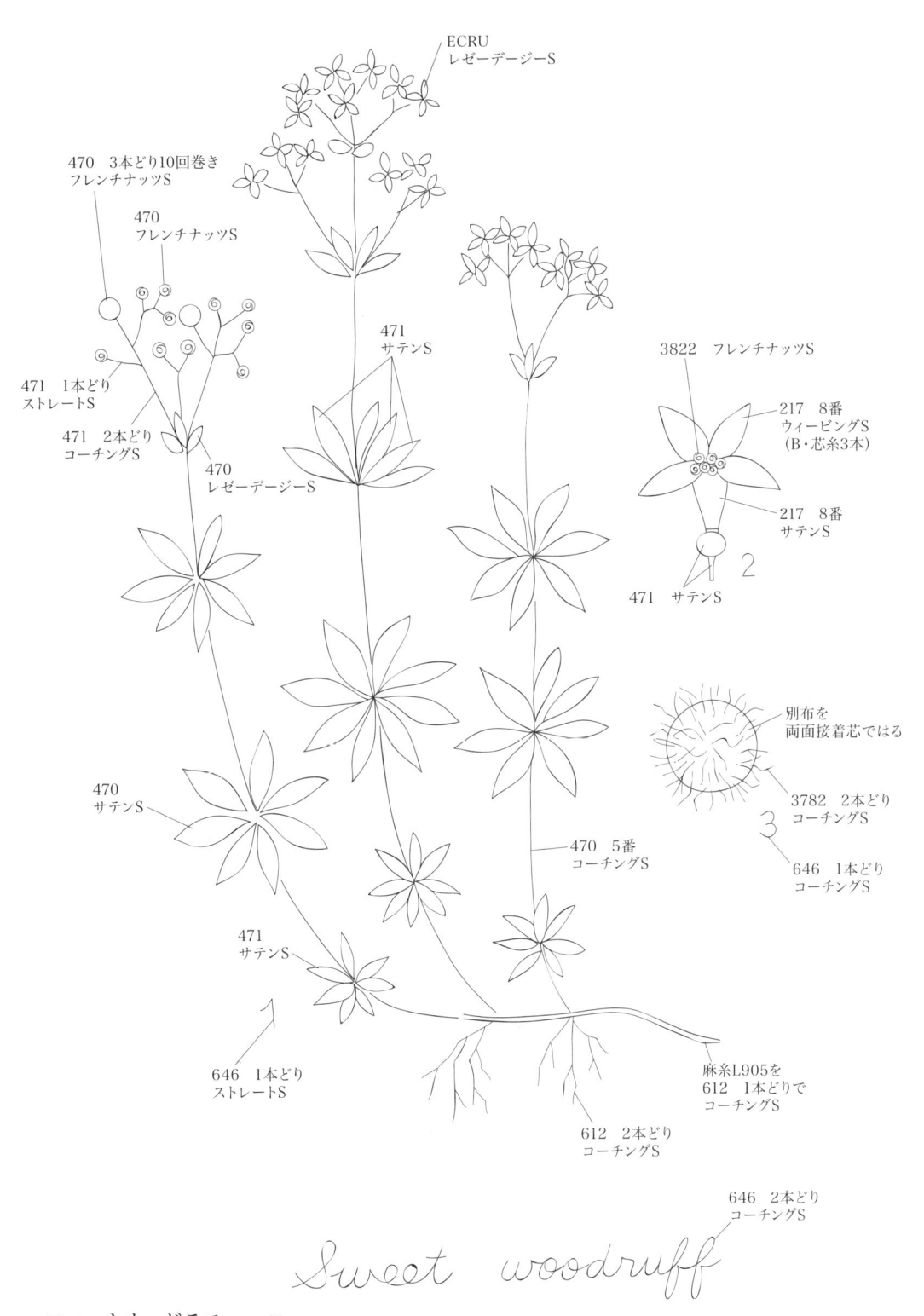

Sweet woodruff

スィートウッドラフ　page13

[材料]DMC刺しゅう糸25番＝470, 471, ECRU, 3782, 612, 646, 3822　5番＝470　8番＝217　AFE麻刺しゅう糸＝L905
（25番612を2本どりでも可）　別布＝麻(茶色)少々　両面接着芯＝少々

61

艶やかな葉を地面からのぞかせ、次から次へと開花する球根は、庭を一気に春へと変えていきます。

3822
アウトラインSのあと
その目を拾いながら
ブランケットSを
立ち上げる
中心はフレンチナッツS

712　8番
ウィービングS
（B・芯糸3本）

612　サテンS

368　5番　コーチングS

368　サテンS

320　サテンS

712　8番　サテンS

3839　フレンチナッツS

988　スプリットS

3839　サテンS

3363　スプリットS

340　レゼーデージーS

988　スプリットS

822　フレンチナッツS

3822　スプリットS

471　5番　コーチングS

3821　スプリットS

320　スプリットS

3347　サテンS

3347　アウトラインS

988　サテンS

822　スプリットS

822　サテンS

822　サテンS

822　アウトラインS

3862　3本　引きそろえ
840　1本　ブランケットS

3862　3本　引きそろえ
840　1本　ブランケットS

610　5番　ロングアンドショートS

麻糸L901を
822　1本どりで
コーチングS

646　2本どり　コーチングS

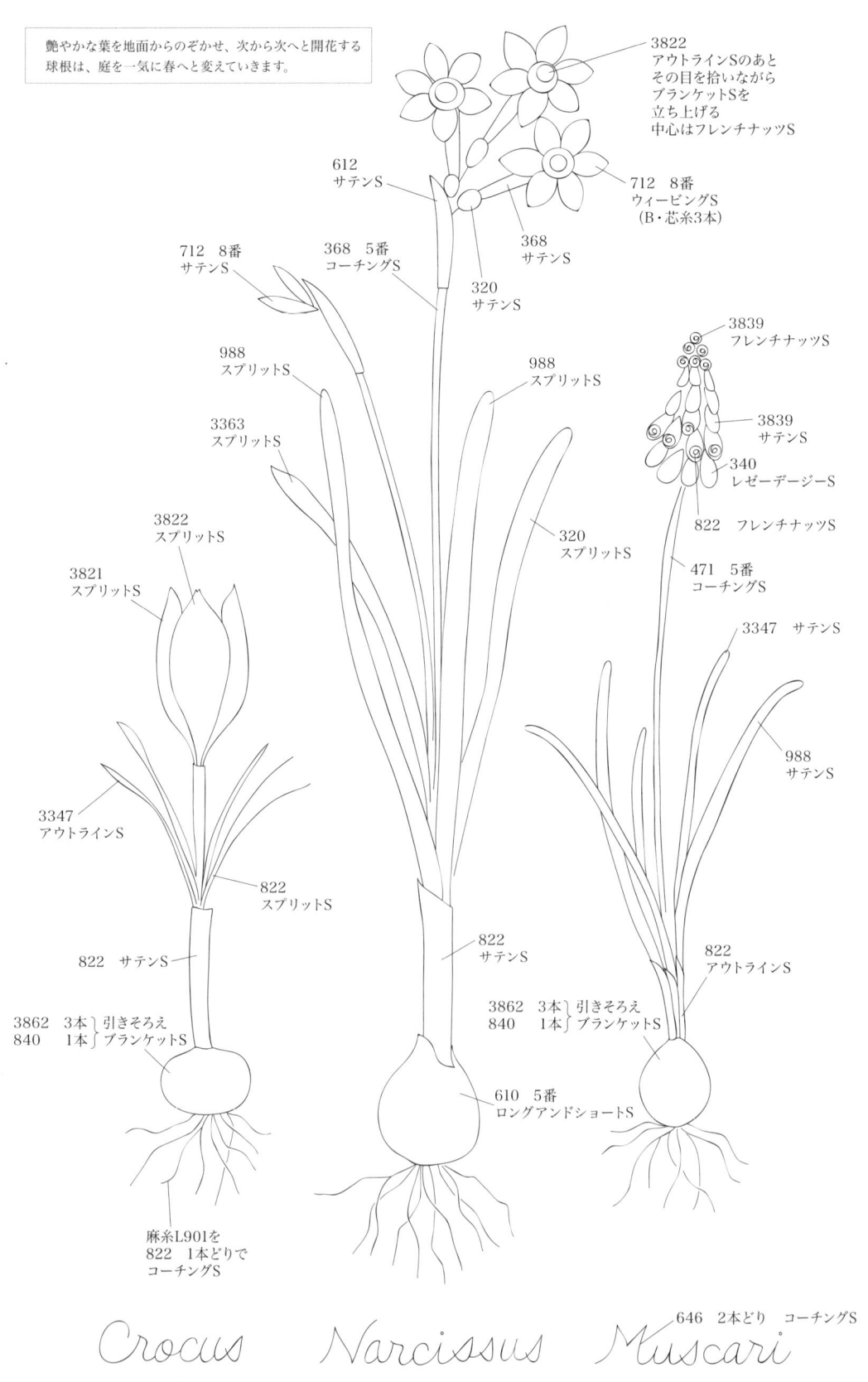

Crocus　Narcissus　Muscari

クロッカス、スイセン、ムスカリ　page 14

[材料] DMC刺しゅう糸25番＝988, 3347, 320, 3363, 3822, 3821, 340, 3839, 822, 840, 3862, 646, 368, 612, 471
5番＝471, 368, 610　8番＝712　AFE麻刺しゅう糸＝L901

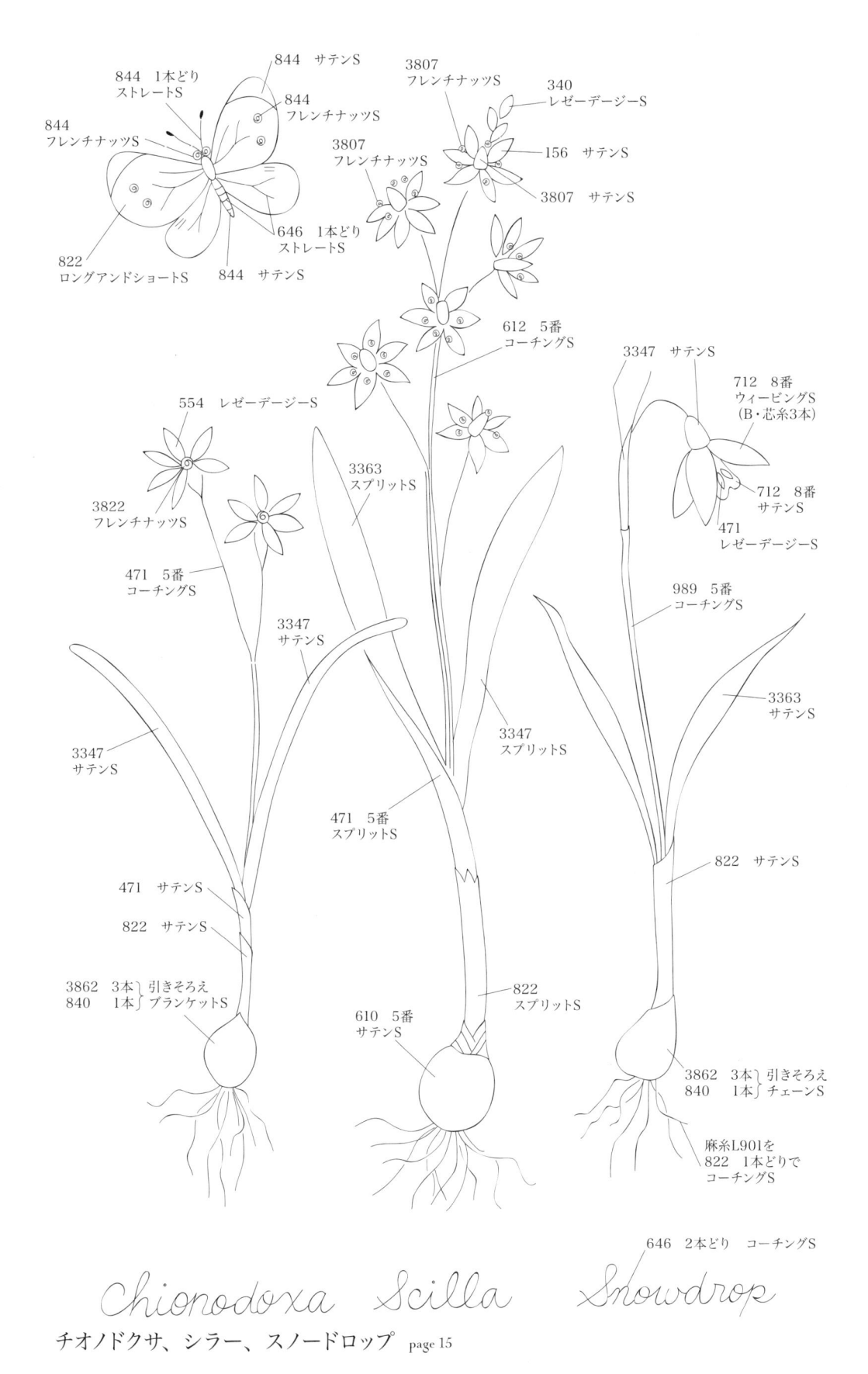

Chionodoxa Scilla Snowdrop

チオノドクサ、シラー、スノードロップ page 15

844 1本どり ストレートS
844 サテンS
844 フレンチナッツS
844 フレンチナッツS
3807 フレンチナッツS
340 レゼーデージーS
156 サテンS
3807 サテンS
822 ロングアンドショートS
646 1本どり ストレートS
844 サテンS
3807 フレンチナッツS
612 5番 コーチングS
554 レゼーデージーS
3347 サテンS
712 8番 ウィービングS（B・芯糸3本）
3822 フレンチナッツS
712 8番 サテンS
471 5番 コーチングS
471 レゼーデージーS
3363 スプリットS
3347 サテンS
989 5番 コーチングS
3347 サテンS
3363 サテンS
3347 スプリットS
471 5番 スプリットS
471 サテンS
822 サテンS
822 サテンS
3862 3本 引きそろえ
840 1本 ブランケットS
822 スプリットS
3862 3本 引きそろえ
840 1本 チェーンS
610 5番 サテンS
麻糸L901を 822 1本どりで コーチングS
646 2本どり コーチングS

［材料］DMC刺しゅう糸25番＝3347, 3363, 3822, 554, 340, 3807, 156, 822, 840, 3862, 646, 612, 844, 989
5番＝471, 989, 610, 612　8番＝712，AFE麻刺しゅう糸＝L901

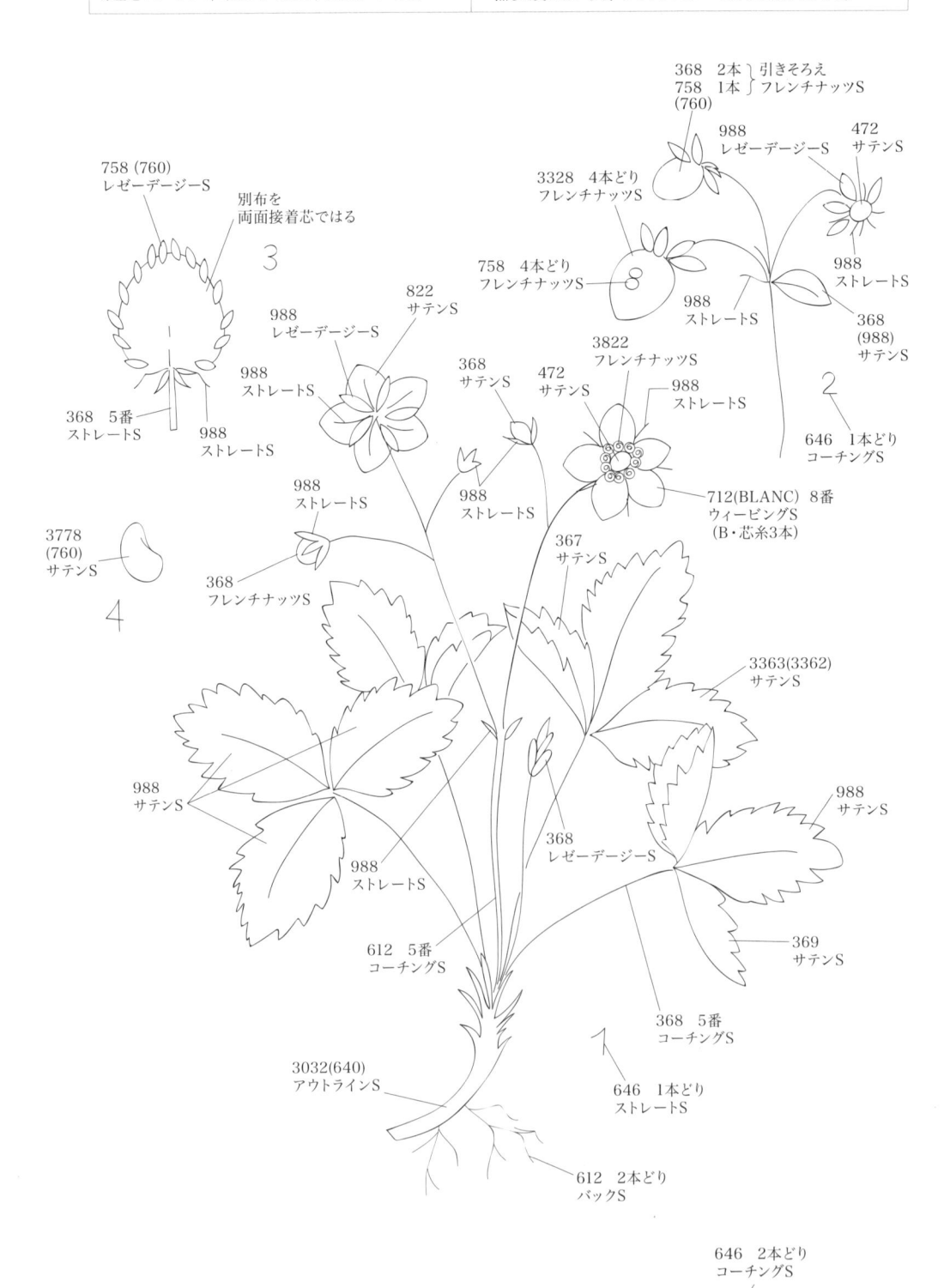

科名：バラ科 / 学名：*Fragaria×vesca* / 別名：オランダイチゴ 原産地：ヨーロッパ / 草丈：5〜20cm / 開花期：4〜10月	花から実がなるまでのプロセスも楽しめる、小型のベリー。 熟した実はおいしく、グラウンドカバーとしても活用できます。

368　2本　引きそろえ
758　1本　フレンチナッツS
(760)

988 レゼーデージーS　　472 サテンS

758(760) レゼーデージーS

別布を両面接着芯ではる

3

3328　4本どり フレンチナッツS

988 ストレートS

988 レゼーデージーS

822 サテンS

758　4本どり フレンチナッツS

988 ストレートS

368(988) サテンS

368 5番 ストレートS　　988 ストレートS

988 ストレートS

368 サテンS

472 サテンS

3822 フレンチナッツS

988 ストレートS

2

646　1本どり コーチングS

988 ストレートS

988 ストレートS

712(BLANC) 8番 ウィービングS
(B・芯糸3本)

3778(760) サテンS

4

368 フレンチナッツS

367 サテンS

988 サテンS

3363(3362) サテンS

988 ストレートS

368 レゼーデージーS

988 サテンS

612　5番 コーチングS

369 サテンS

368　5番 コーチングS

1

3032(640) アウトラインS

646　1本どり ストレートS

612　2本どり バックS

646　2本どり コーチングS

Wild strawberry

ワイルドストロベリー　page 16、カバー（グレーの麻布使用）

［材 料］DMC刺しゅう糸25番＝369, 368, 988, 367, 3363, 472, 3822, 822, 612, 3032, 646, 3328, 3778, 758
（カバー用：3362, 640, 760）　5番＝368, 612　8番＝712（カバー用：BLANC）　別布＝綿サテン（白）少々　両面接着芯＝少々

科名：キク科 / 学名：*Matricaria recutita* / 別名：カミツレ
原産地：地中海沿岸 / 草丈：40〜70cm / 開花期：5月〜7月

「大地のリンゴ」と呼ばれる甘い香りのハーブ。
こぼれ種で毎年庭で咲き続けています。

3821　フレンチナッツS
471　バックS
822　レゼーデージーS
471　ストレートS
3347　5番　コーチングS
3347　バックS
3821　フレンチナッツS
472　サテンS
471　レゼーデージーS
471　レゼーデージーS

3821　レゼーデージーS
472　サテンS
822　サテンS
4

712　8番
ウィービングS
（C・芯糸3本）
472　レゼーデージーS
822　サテンS
3

471　サテンS
3821　レゼーデージーS
472　ストレートS
822　サテンS
712　8番　サテンS
472　バックS
646　1本どり　コーチングS
2

646　1本どり　ストレートS
1

646　2本どり　コーチングS

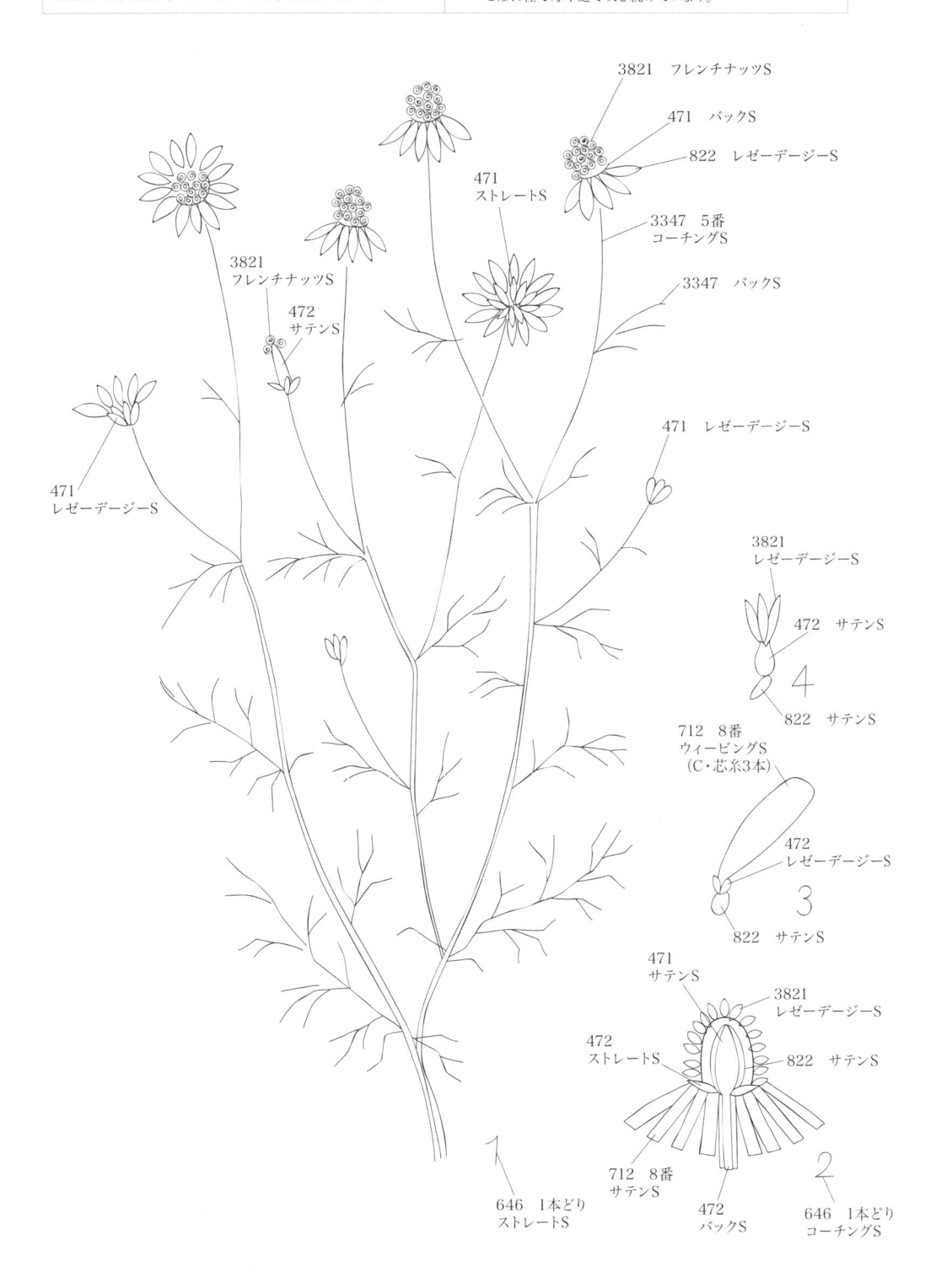

Chamomile

カモミール　page 17

［材料］DMC刺しゅう糸25番＝3347, 471, 472, 822, 3821, 646　5番＝3347　8番＝712

| 科名：ユリ科 / 学名：*Convallaria* / 別名：キミカゲソウ | 清楚な姿と良い香りで、世界中で愛されている春の花。 |
| 原産地：ヨーロッパ / 草丈：25〜30cm / 開花期：5月〜6月 | 香水のディオリッシモは、このスズランの香りです。 |

- 712　8番　サテンS
- 471　2本どり　アウトラインS
- 471　ストレートS
- 712　8番　ウィービングS（C・芯糸3本）
- 471　5番　コーチングS
- 712　8番　ウィービングS（D・芯糸5本）
- 3347 / 3346 / 988　ランダムにスプリットS
- 471　サテンS
- 646　1本どり　ストレートS
- 471　アウトラインS
- 612　レゼーデージーS
- 3047　サテンS
- 612　2本どり　レゼーデージーS
- 834　レゼーデージーS・ストレートS
- 麻糸L901　コーチングS
- 646　1本どり　バックS
- 3829　サテンS
- 612　2本どり　アウトラインS
- 712　8番　フレンチナッツS
- 612　2本どり　ストレートS
- 646　1本どり　コーチングS
- 612　5番　コーチングS
- 822　5番　コーチングS
- 646　2本どり　コーチングS

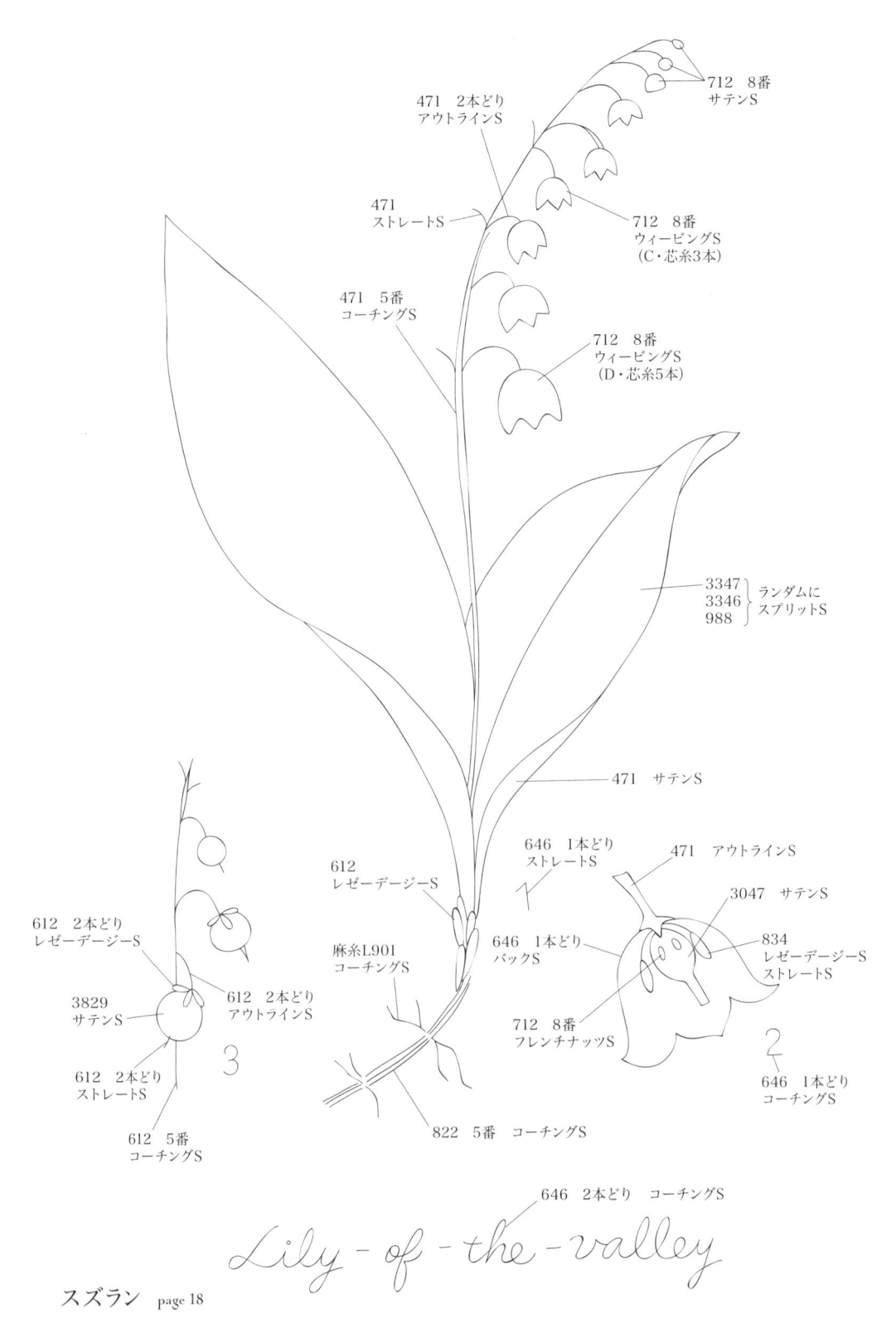

Lily-of-the-valley

スズラン　page 18

［材料］DMC刺しゅう糸25番＝471, 3347, 3346, 3047, 834, 3829, 612, 646, 988, 822, 612　5番＝471, 822, 612　8番＝712　AFE麻刺しゅう糸＝L901

科名：キク科 / 学名：*Cosmos atrosanguineus*
原産地：メキシコ / 草丈：30〜80cm / 開花期：6〜11月

ベルベットのような質感とチョコレートの色と香り。
シックな色合いのこの花を庭に植えると、大人の雰囲気です。

3830　フレンチナッツS
938　サテンS
902　8番
ウィービングS
（C・芯糸3本）

3860　アウトラインS

3363　ストレートS
938　レゼーデージーS

3346　レゼーデージーS

3860　バックS

3363　サテンS

3363　サテンS

3346　サテンS

3863　バックS

3363　サテンS

3863　アウトラインS

902　1本どり
バックS

ECRU
ストレートS

902　2本どり
レゼーデージーS

3726　ストレートS

ECRU
ストレートS

3348　ストレートS

902　8番
ウィービングS
（C・芯糸3本）

646　1本どり
コーチングS

842　ストレートS

646　1本どり
ストレートS

646　2本どり　コーチングS

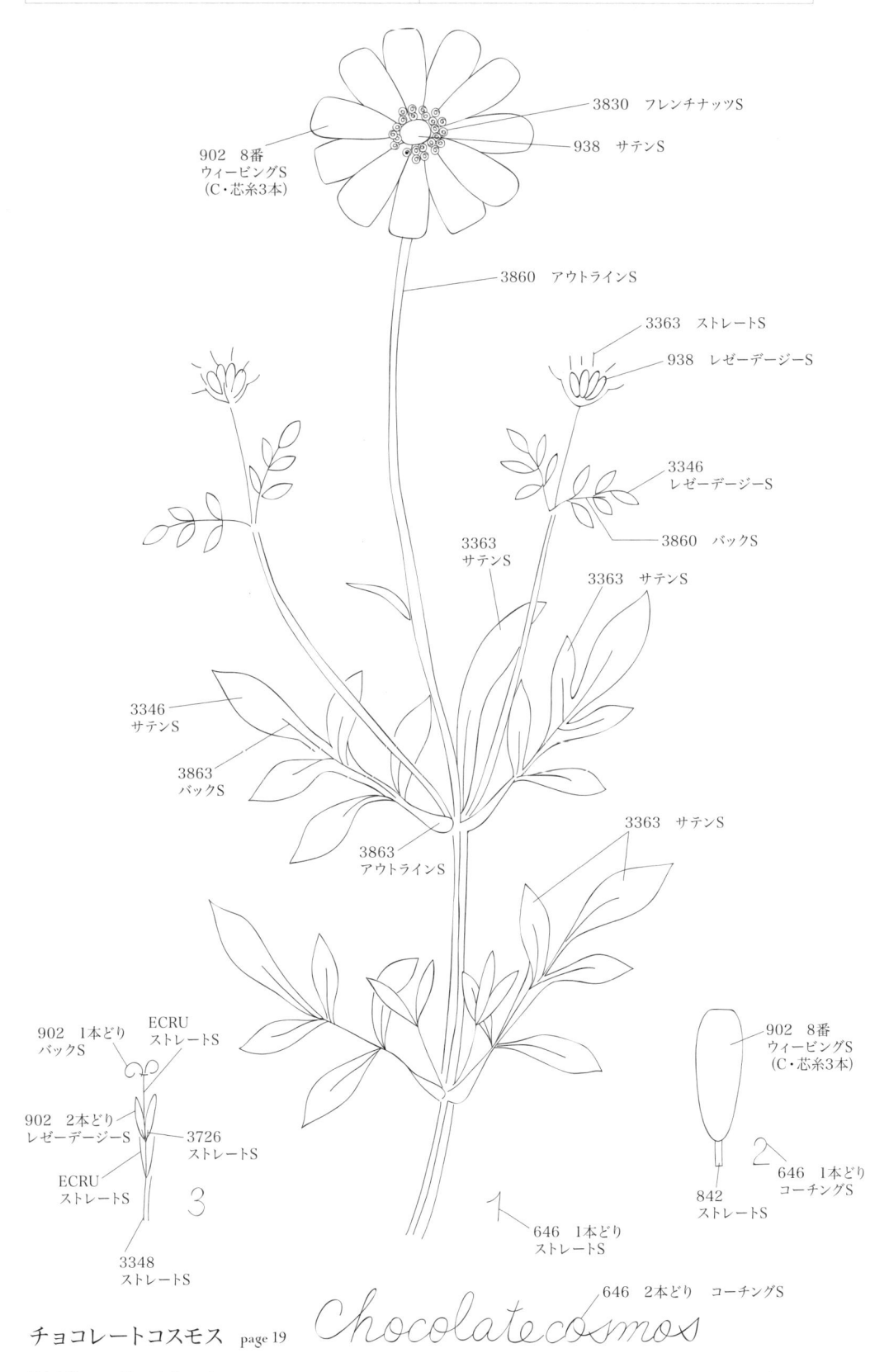

チョコレートコスモス　page 19　　*Chocolate cosmos*

[材料] DMC刺しゅう糸25番＝3346, 3363, 3863, 3860, 938, 3830, 646, ECRU, 842, 3726, 902, 3348　8番＝902

科名：キク科 / 学名：*Erigeron karvinskianus* / 別名：ペラペラヨメナ
原産地：北アメリカ / 草丈：10〜30cm / 開花期：5月〜11月

和名は「源平小菊」。たいへん丈夫なグラウンドカバーで、どんなすきまにも根をはり、ナチュラルな庭を演出してくれます。

152　サテンS

152　サテンS

麻糸L202
サテンS

3820　2本どり
フレンチナッツS

822
サテンS

麻糸L202
サテンS

822
サテンS

麻糸L202を
3347　1本どりで
コーチングS

3820　2本どり
フレンチナッツS

3348
サテンS

麻糸L202　サテンS

646　1本どり
コーチングS

麻糸L202を
3347　1本どりで
コーチングS

989　フレンチナッツS

989　サテンS

152　2本どり
ストレートS

646　1本どり
ストレートS

3346
アウトラインS
サテンS

989　ストレートS

989　1本どり
ストレートS

646　1本どり
ストレートS

646　2本どり　コーチングS

Erigeron

エリゲロン　page 20

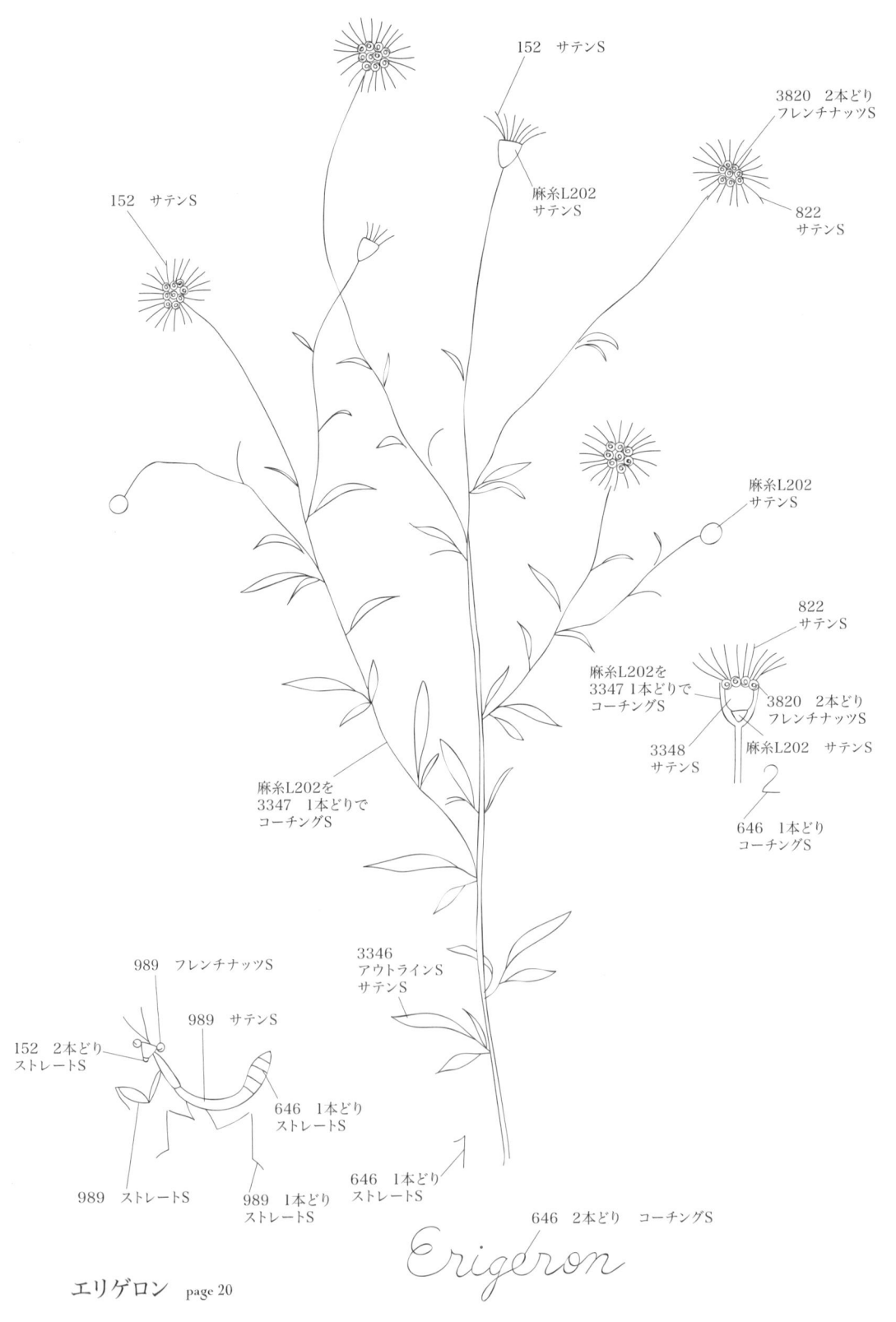

[材料] DMC刺しゅう糸25番＝3346, 3348, 3820, 152, 822, 646, 989, 3347　AFE麻刺しゅう糸＝L202
[ポイント] 茎は細くて自然な感じに刺しゅうしましょう。カマキリの幼虫は、目をくりっと仕上げます。

科名：ケシ科 / 学名：*Papaver* / 別名：ヒナゲシ / 原産地：ヨーロッパ中、南部、アジア温帯地方 / 草丈：50～120cm / 開花期：4月～6月

モデルは'ナガミヒナゲシ'。いつの間にか、空き地や道路沿いに広がった帰化植物。オレンジ色の小ぶりのケシの花です。

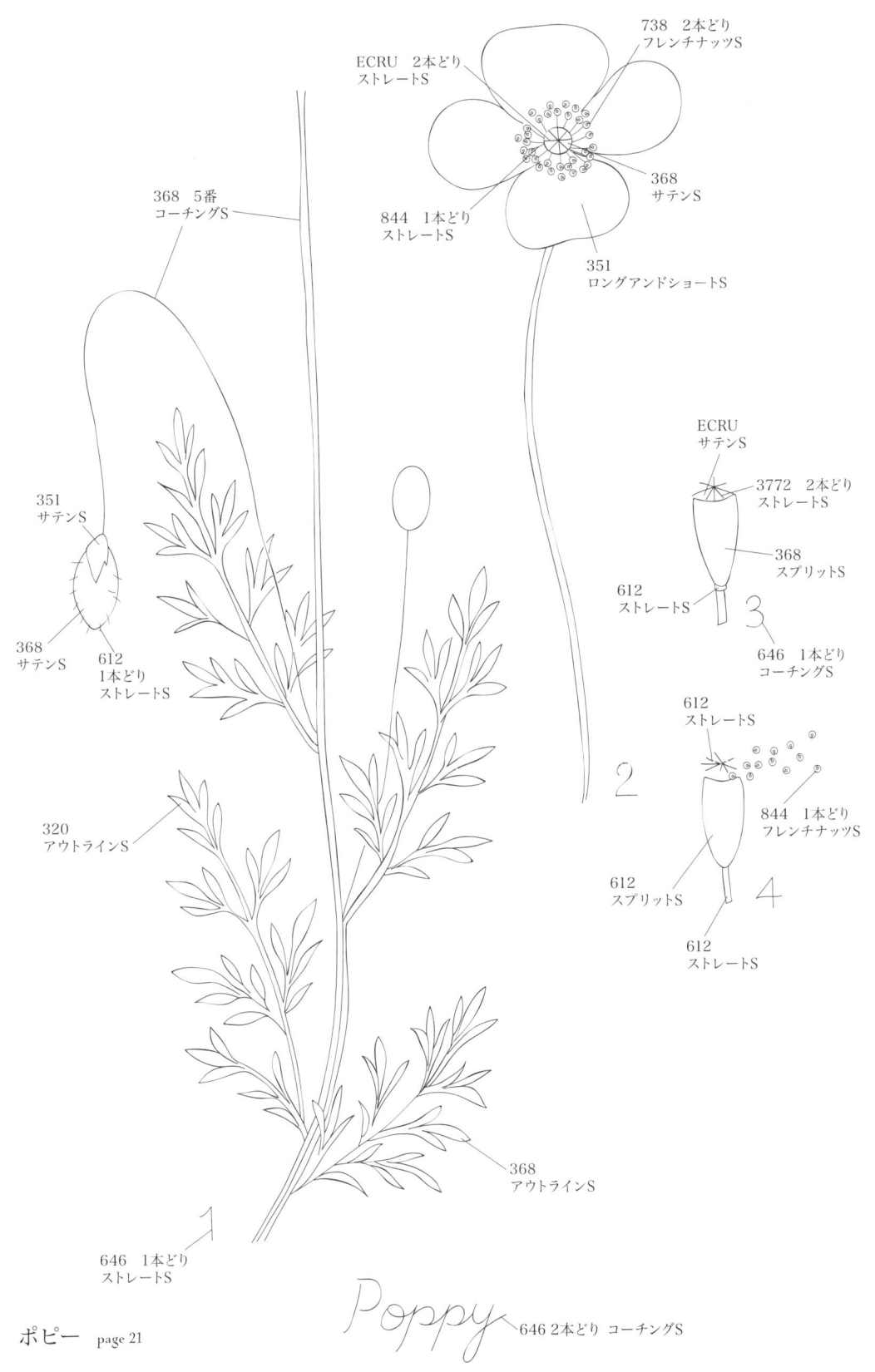

738　2本どり
フレンチナッツS

ECRU　2本どり
ストレートS

368　サテンS

844　1本どり
ストレートS

351
ロングアンドショートS

368　5番
コーチングS

ECRU
サテンS

3772　2本どり
ストレートS

351
サテンS

368
スプリットS

612
ストレートS

646　1本どり
コーチングS

368
サテンS

612
1本どり
ストレートS

612
ストレートS

844　1本どり
フレンチナッツS

320
アウトラインS

612
スプリットS

612
ストレートS

368
アウトラインS

646　1本どり
ストレートS

Poppy

646　2本どり　コーチングS

ポピー　page 21

[材料] DMC刺しゅう糸25番＝368, 320, 351, ECRU, 738, 612, 3772, 844, 646　5番＝368

科名：フウロソウ科 / 学名：*Geranium* / 別名：フウロソウ 原産地：ヨーロッパ、アジア / 草丈：10～70cm / 開花期：6月～8月	クッション状に茂る株に、可憐な花が散らばるように咲きます。 夏の暑さが苦手です。

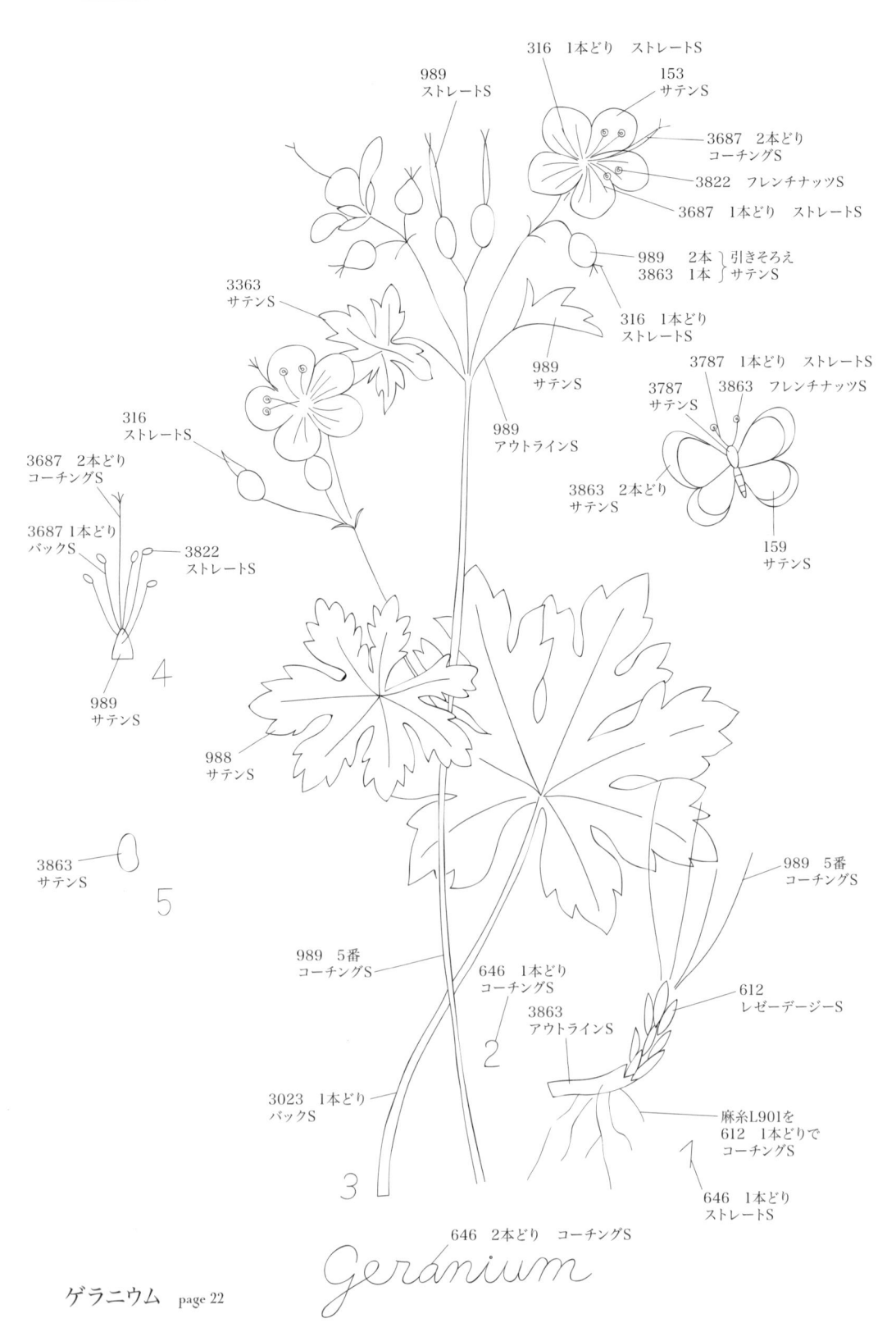

989 ストレートS

316 1本どり ストレートS

153 サテンS

3687 2本どり コーチングS

3822 フレンチナッツS

3687 1本どり ストレートS

989 2本) 引きそろえ
3863 1本 ∫ サテンS

316 1本どり ストレートS

3363 サテンS

989 サテンS

989 アウトラインS

3787 1本どり ストレートS

3787 サテンS

3863 フレンチナッツS

316 ストレートS

3687 2本どり コーチングS

3687 1本どり バックS

3822 ストレートS

3863 2本どり サテンS

159 サテンS

989 サテンS

988 サテンS

3863 サテンS

989 5番 コーチングS

989 5番 コーチングS

646 1本どり コーチングS

3863 アウトラインS

612 レゼーデージーS

麻糸L901を 612 1本どりで コーチングS

3023 1本どり バックS

646 1本どり ストレートS

646 2本どり コーチングS

Geranium

ゲラニウム　page 22

［材 料］DMC刺しゅう糸25番＝989, 988, 3363, 153, 316, 3687, 3822, 612, 3863, 159, 3023, 646, 3787　5番＝989
AFE麻刺しゅう糸＝L901

科名：ナス科 / 学名：*Nicotiana × sanderae* / 別名：ハナタバコ
原産地：ブラジル / 草丈：30〜60cm / 開花期：5〜10月

夏の暑さの中でも、次々と咲き続けます。花の外側がライトグリーン、内側がマットな赤の品種は、'ティンカーベル'。

3347　サテンS

3347　サテンS

472　2本 ⎱ 引きそろえ
471　1本 ⎰ サテンS

472　サテンS

3328　サテンS

535　2本どり
フレンチナッツS

3347　2本どり
フレンチナッツS

3328
ストレートS

535　1本どり
フレンチナッツS

3863
スプリットS
バックS

3347　2本 ⎱ 引きそろえ
320　1本 ⎰ サテンS

3328
サテンS

472　2本どり
バックS

3347
フレンチナッツS

3347
レゼーデージーS

646　1本どり
コーチングS

3347
サテンS

535　2本どり
フレンチナッツS

3347
バックS

646　1本どり
コーチングS

3023　1本どり
バックS

3347　5番
コーチングS

646　1本どり　ストレートS

646　1本どり
ストレートS

646　2本どり　コーチングS

ニコチアナ　page 23

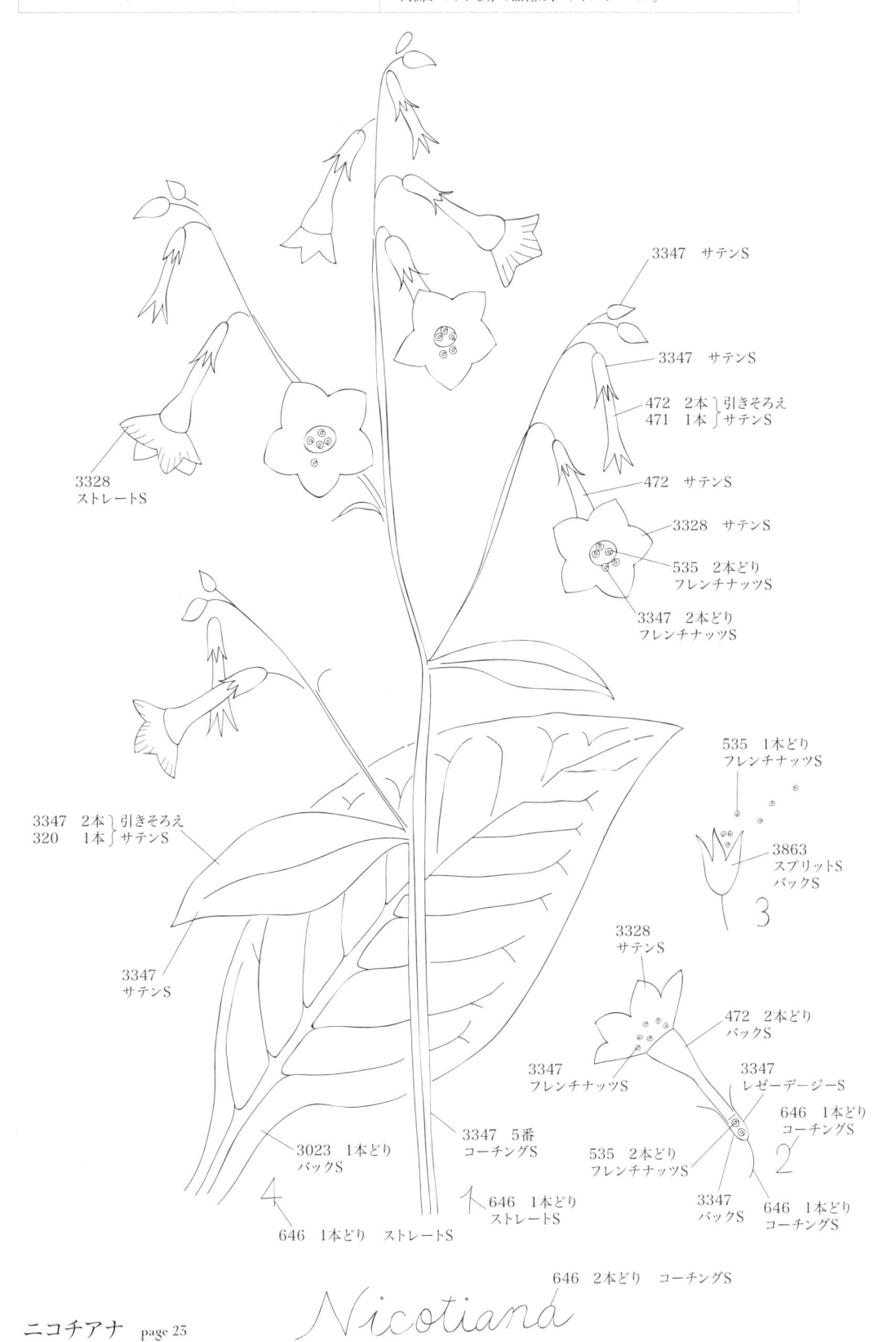

Nicotiana

[材料] DMC刺しゅう糸25番=3347, 471, 472, 320, 3328, 535, 3023, 646, 3863　5番=3347

Blue Flowers

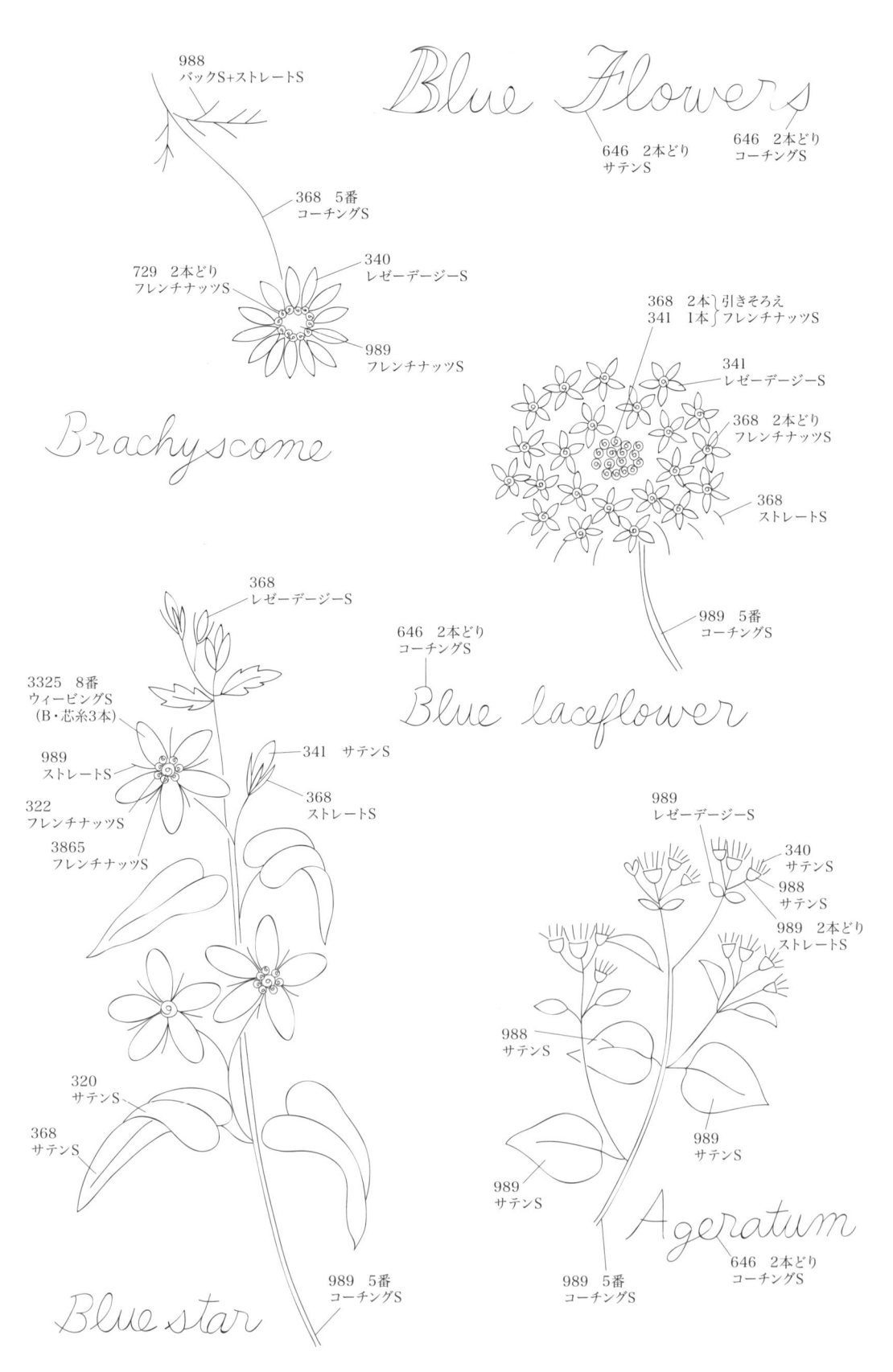

Brachyscome

- 988 バックS＋ストレートS
- 368 5番 コーチングS
- 729 2本どり フレンチナッツS
- 340 レゼーデージーS
- 989 フレンチナッツS

Blue laceflower

- 646 2本どり サテンS
- 646 2本どり コーチングS
- 368 2本 引きそろえ / 341 1本 フレンチナッツS
- 341 レゼーデージーS
- 368 2本どり フレンチナッツS
- 368 ストレートS
- 989 5番 コーチングS
- 646 2本どり コーチングS

Blue star

- 368 レゼーデージーS
- 3325 8番 ウィービングS（B・芯糸3本）
- 989 ストレートS
- 322 フレンチナッツS
- 3865 フレンチナッツS
- 341 サテンS
- 368 ストレートS
- 320 サテンS
- 368 サテンS
- 989 5番 コーチングS

Ageratum

- 989 レゼーデージーS
- 340 サテンS
- 988 サテンS
- 989 2本どり ストレートS
- 988 サテンS
- 989 サテンS
- 989 サテンS
- 989 5番 コーチングS
- 646 2本どり コーチングS

ブルーフラワー page 24　ブラキカム、ブルーレースフラワー、ブルースター、アゲラタム

[材料] DMC刺しゅう糸25番＝368, 989, 988, 320, 340, 341, 322, 3865, 729, 646　5番＝368, 989　8番＝3325

[ポイント] 細やかなブルーの違いと、花びらのステッチの違いを楽しんでください。

ブルーの花には、さわやかさとエレガントさがあります。
庭での配色を考えると、少しだけ黄色をさし色で入れたり、白を合わせたりします。

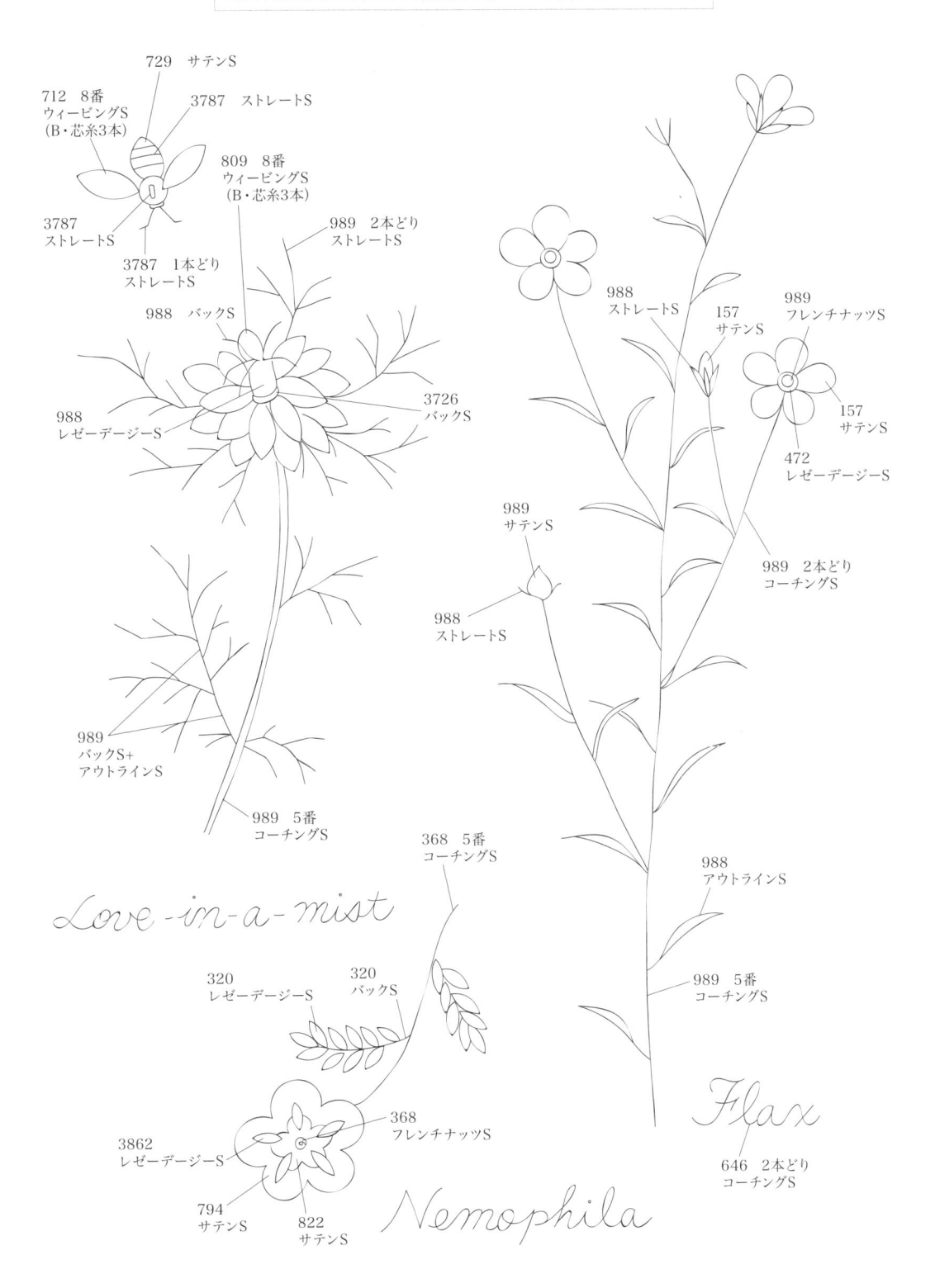

729　サテンS
712　8番　ウィービングS（B・芯糸3本）
3787　ストレートS
809　8番　ウィービングS（B・芯糸3本）
3787　ストレートS
3787　1本どり　ストレートS
989　2本どり　ストレートS
988　バックS
988　レゼーデージーS
3726　バックS
988　ストレートS
157　サテンS
989　フレンチナッツS
157　サテンS
472　レゼーデージーS
989　サテンS
988　ストレートS
989　2本どり　コーチングS
989　バックS＋アウトラインS
988　アウトラインS
989　5番　コーチングS
989　5番　コーチングS
368　5番　コーチングS

Love-in-a-mist

320　レゼーデージーS
320　バックS
3862　レゼーデージーS
368　フレンチナッツS
794　サテンS
822　サテンS

Nemophila

Flax

646　2本どり　コーチングS

ブルーフラワー　page 25　ニゲラ、ネモフィラ、フラックス

［材料］DMC刺しゅう糸25番＝368, 989, 988, 157, 794, 472, 3726, 3862, 822, 729, 3787, 646　5番＝368, 989
8番＝809, 712

科名：セリ科 / 学名：*Actinotus helianthi* / 別名：アクチノータス
原産地：オーストラリア / 草丈：20〜70cm / 開花期：3月〜10月

フランネルのような柔らかい質感が、コンテナにも花壇にもアクセントになります。切り花にも向いています。

369　8番
（先端のみ色を替える）

712　8番
ウィービングS
（B・芯糸3本）

369　サテンSをした上に
822　2本 ┐引きそろえ
612　1本 ┘フレンチナッツS

麻糸L200
アウトラインS

989
ストレートS
アウトラインS

822　2本 ┐引きそろえ
612　1本 ┘フレンチナッツS

麻糸L200
レゼーデージーS

麻糸L200
ストレートS

369
ストレートS

麻糸L200
アウトラインS

646　1本どり
コーチングS

369
ストレートS
アウトラインS

989

369
ストレートS

822
スプリットS

麻糸L200
アウトラインS

646　1本どり
ストレートS

646　2本どり　コーチングS

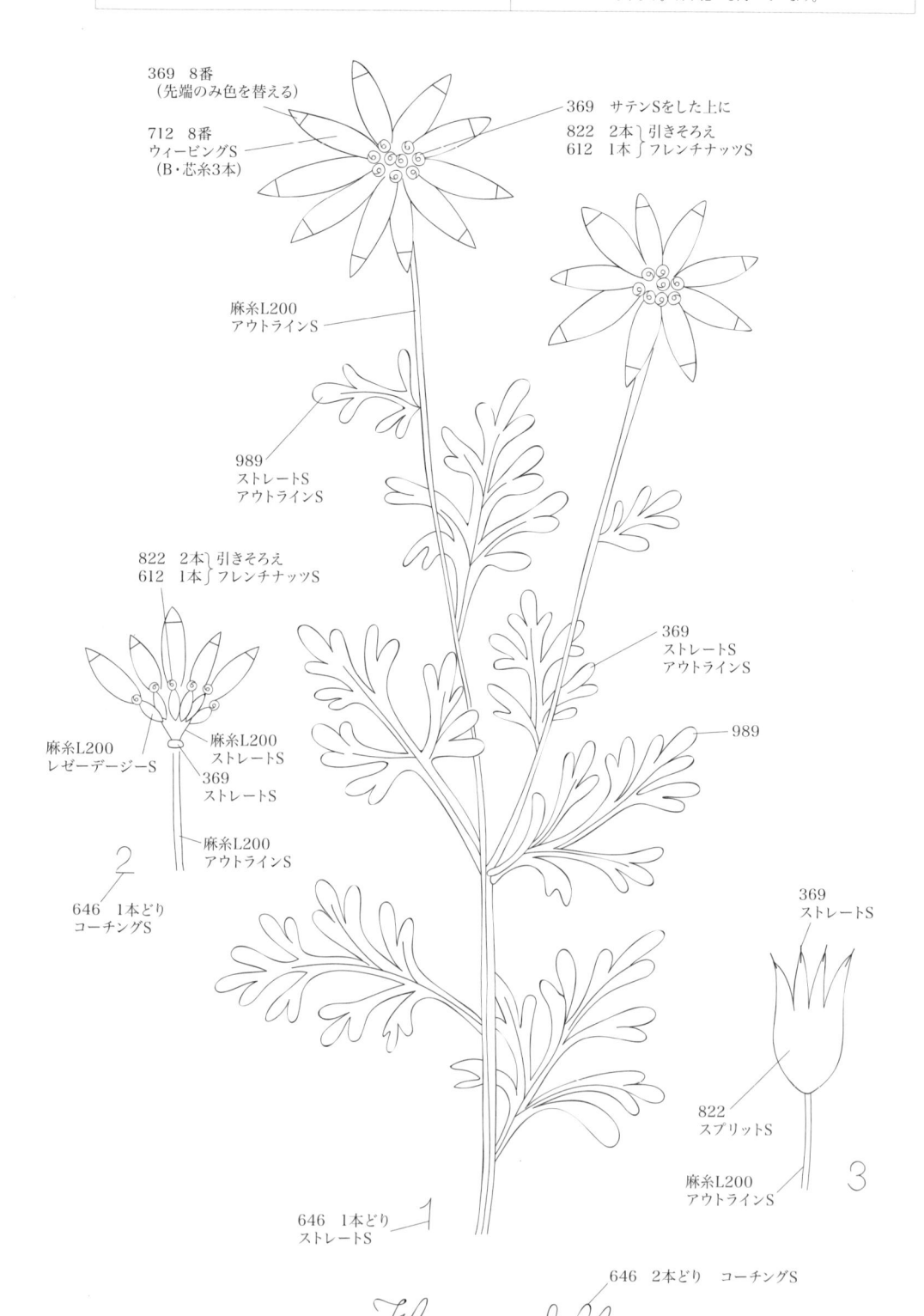

Flannel flower

フランネルフラワー　page 28

［材料］DMCしゅう糸25番＝369, 989, 822, 612, 646　8番＝712, 369　AFE麻刺しゅう糸＝L200
［ポイント］花びらの先端は、ウィービングステッチの織りを重ねるようにして色を変えていきます。

| 科名：ユリ科 / 学名：*Fritillaria* / 別名：スネークヘッド | ワイン色と白の市松模様の花。球根を植えるのですが、なかなか |
| 原産地：北半球の温帯 / 草丈：20〜30cm / 開花期：4〜5月 | 咲いてくれません。同じ仲間のバイモユリは、よく咲くのですが。 |

859　5番を
223　1本どりで
細かくコーチングS

3364
サテンS

224　2本どり
ストレートS

859　5番を
223　1本どりで
コーチングS

223
スプリットS

3347
サテンS

3364
サテンS

3364
サテンS

859　5番を
223　1本どりで
コーチングS

3013　5番
コーチングS

471
ストレートS

822
ストレートS

471
サテンS

822
ストレートS

822　1本どり
ストレートS

822　5番
コーチングS

834
ストレートS

472
ストレートS

3347
サテンS

646　1本どり
ストレートS

834
フレンチナッツS

822　サテンS

612
サテンS

612
スプリットS

646　1本どり
コーチングS

麻糸L901を
612　1本どりで
コーチングS

646　1本どり
ストレートS

646　2本どり　コーチングS

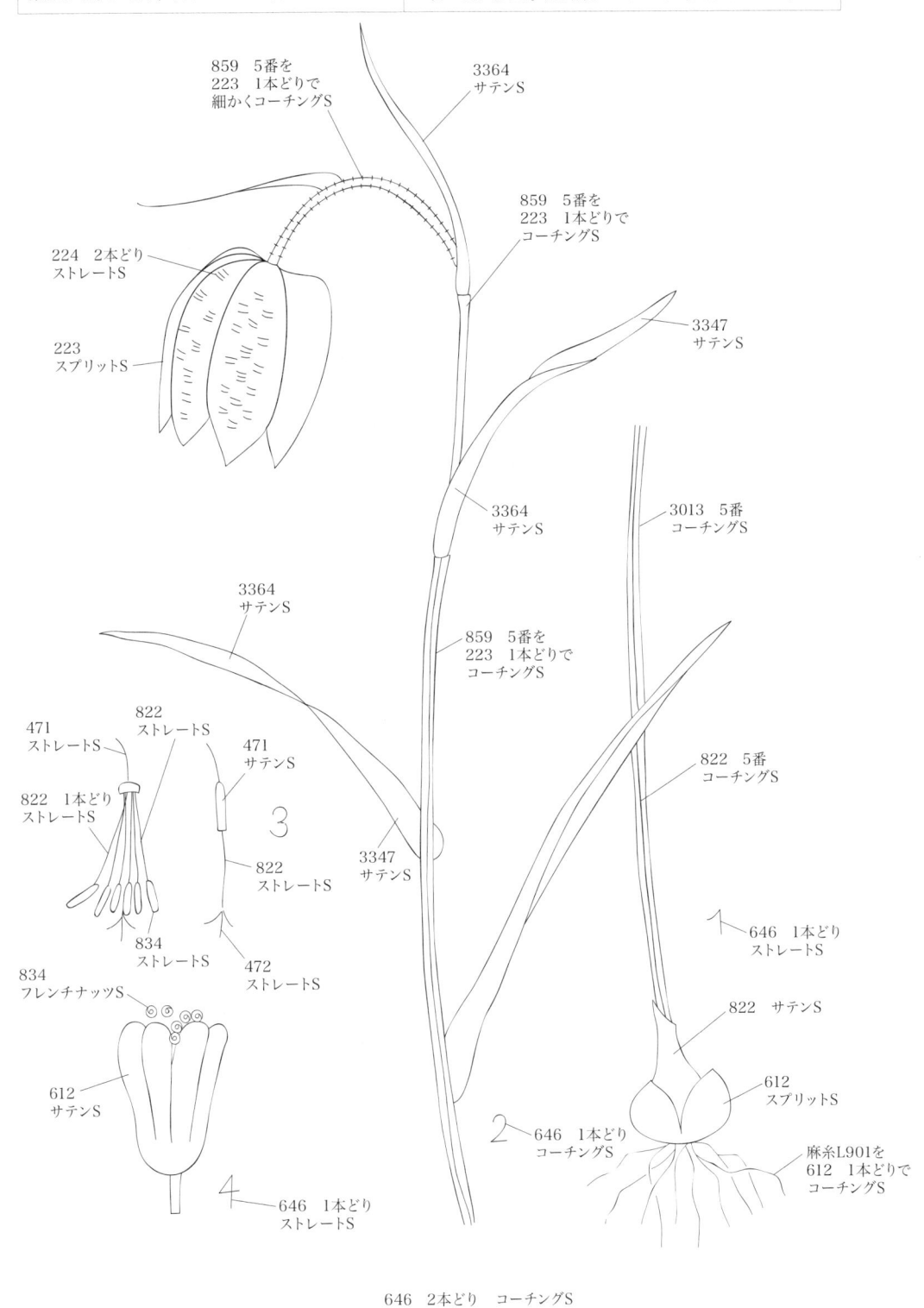

フリチラリア　page 29　　*Fritillaria*

[材料] DMC刺しゅう糸25番＝3364, 3347, 471, 472, 822, 834, 612, 224, 223, 646, 3013　5番＝859, 3013, 822
AFE麻刺しゅう糸＝L901

科名：ゴマノハグサ科 / 学名：*Digitalis purpurea* / 別名：キツネノテブクロ / 原産地：ヨーロッパ、北東アフリカ、中央アジア / 草丈：40〜180cm /開花期：5月〜7月

すっと背の高い姿はバラの花とよく合い、花後も脇芽が伸びて、ずっと長い間花が咲き続けます。

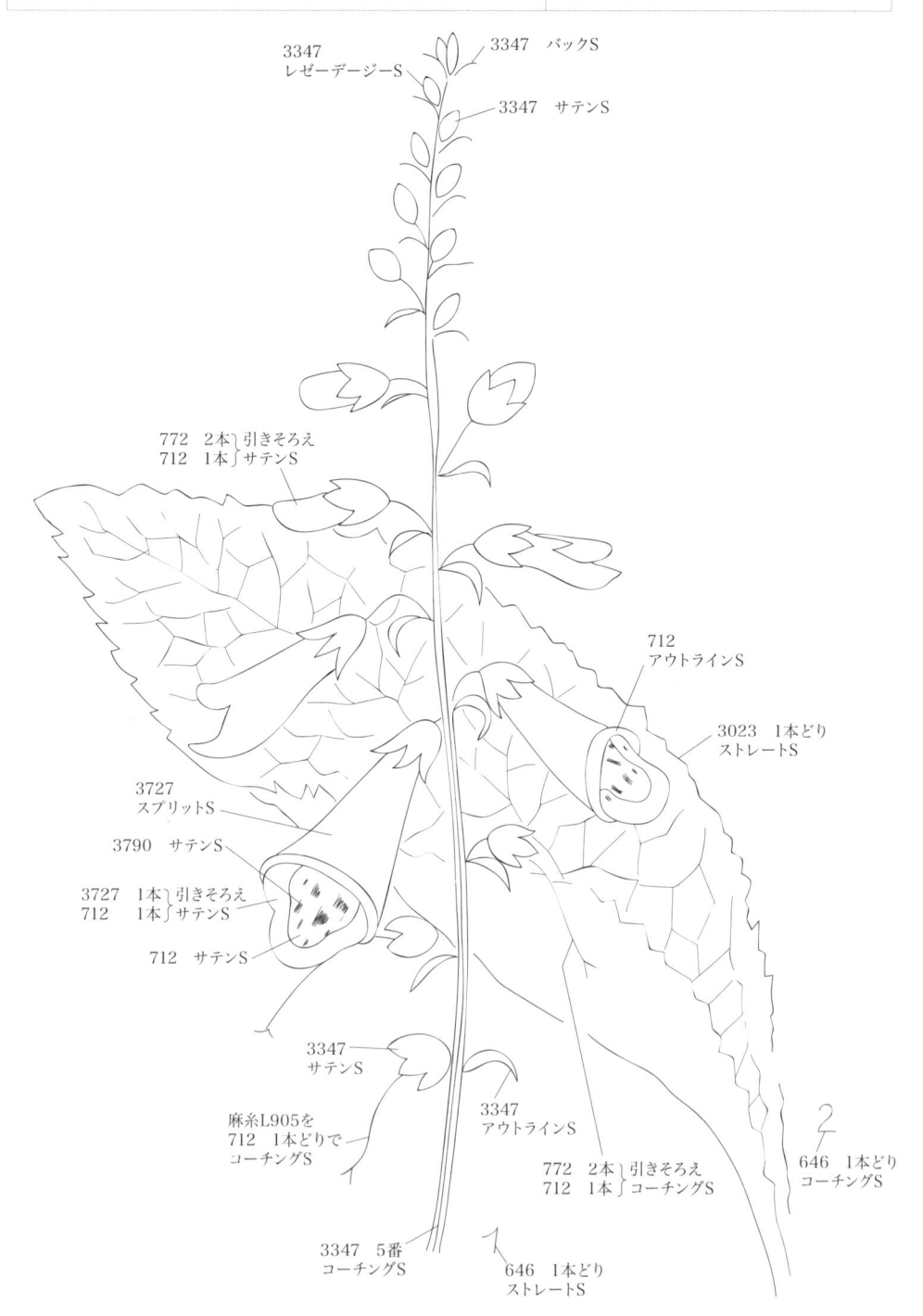

3347　バックS

3347　レゼーデージーS

3347　サテンS

772　2本　引きそろえ
712　1本∫サテンS

712　アウトラインS

3023　1本どり
ストレートS

3727　スプリットS

3790　サテンS

3727　1本　引きそろえ
712　1本∫サテンS

712　サテンS

3347　サテンS

3347　アウトラインS

麻糸L905を
712　1本どりで
コーチングS

772　2本　引きそろえ
712　1本∫コーチングS

646　1本どり
コーチングS

3347　5番
コーチングS

646　1本どり
ストレートS

646　2本どり　コーチングS

Digitalis

ジキタリス　page 30

[材料] DMC刺しゅう糸25番＝3347, 772, 3727, 3790, 712, 3023, 646　5番＝3347　AFE麻刺しゅう糸＝L905

科名：セリ科 ／ 学名：*Aegopodium podagraria* ／ 別名：フイリイワミツバ
原産地：ヨーロッパ ／ 草丈：20〜30cm ／ 開花期：5月〜6月

斑の入った葉は、明るいグラウンドカバーとして効果的。
セリ科なのでキアゲハの食卓になりますが、生育旺盛なので大丈夫。

822
フレンチナッツS

3347
レゼーデージーS

989　1本どり
ストレートS

3782　1本どり
ストレートS

989　2本どり
コーチングS

772　1本 ⎱ 引きそろえ
746　2本 ⎰ バックS

3782　1本どり
ストレートS

3347　サテンS

3347
スプリットS

772　1本 ⎱ 引きそろえ
746　2本 ⎰ サテンS

646　1本どり
コーチングS

3347
サテンS

741　1本どり
フレンチナッツS

844
サテンS

844　1本どり
ストレートS

989　5番
コーチングS

646　1本どり
ストレートS

844　2本どり
ストレートS

844　2本どり
フレンチナッツS

989
スプリットS

Aegopodium

エゴポディウム　page31

646　2本どり　コーチングS

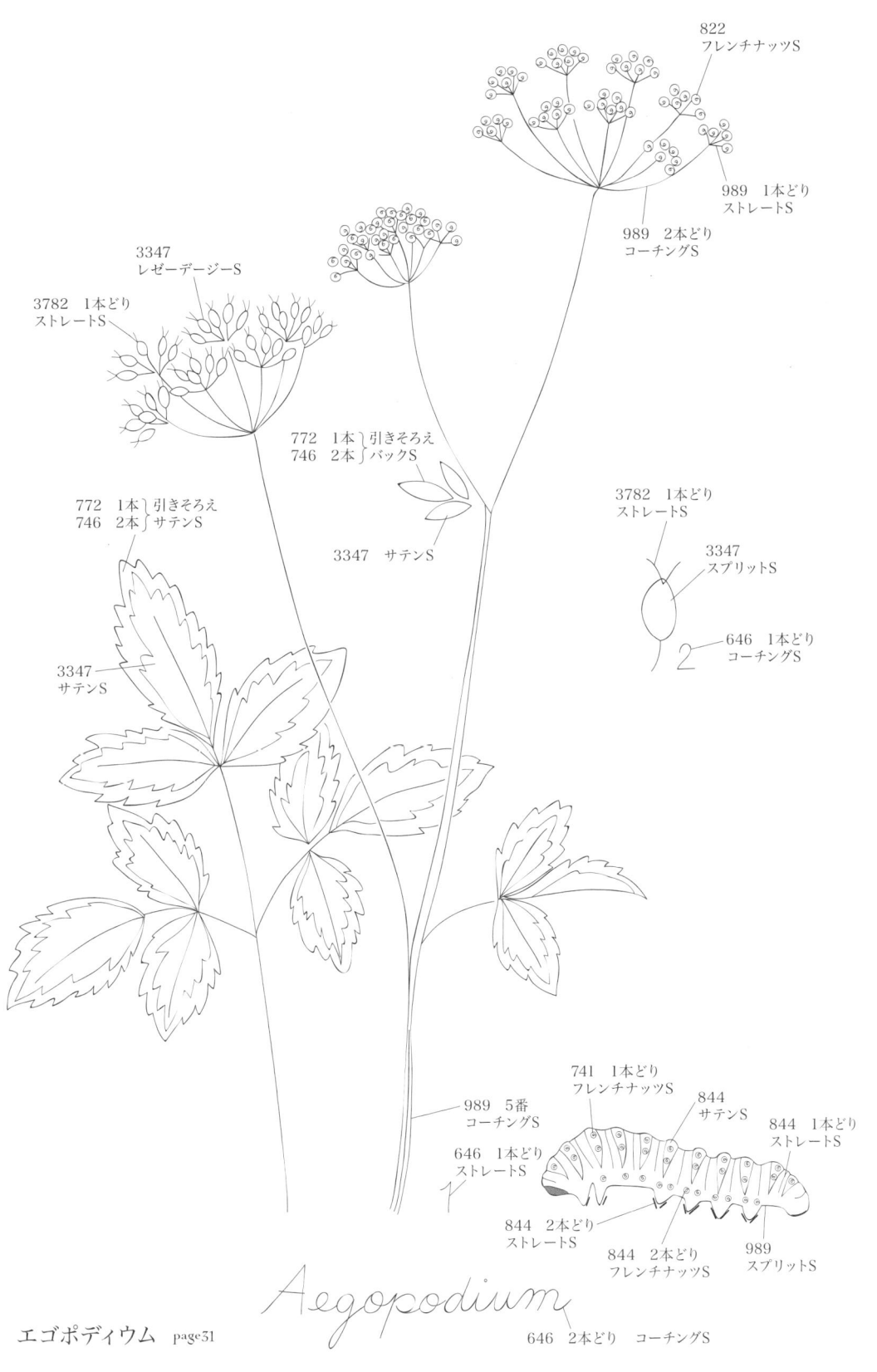

[材料] DMC刺しゅう糸25番＝989, 3347, 772, 746, 822, 3782, 646, 844, 741　5番＝989

科名：キク科 / 学名：*Zinnia* / 別名：ヒャクニチソウ 原産地：メキシコ / 草丈：20〜75cm / 開花期：7月〜10月	マットな質感の花びらに、花心の小さな花が重なり華やか。 「細葉百日草」と呼ばれる'リネアリス'は、秋の庭に欠かせません。

335　8番
ウィービングS
（C・芯糸3本）

3821
ストレートS

3830
フレンチナッツS

3853
サテンS

989　5番
コーチングS

989
スプリットS

368
スプリットS

645　2本どり
フライS

988　フライS

368
レゼーデージーS

335　8番
ウィービングS
（C・芯糸3本）

3830
フライS

822
ストレートS

822
サテンS

988
スプリットS

988
スプリットS

3863
ストレートS

3363
スプリットS

988　スプリットS

368　スプリットS

3821
レゼーデージーS

822　バックS

822　サテンS

646　1本どり
コーチングS

988　スプリットS

3363　スプリットS

368
スプリットS

646　1本どり
ストレートS

988　スプリットS

646　2本どり　コーチングS

Zinnia

ジニア　page 32

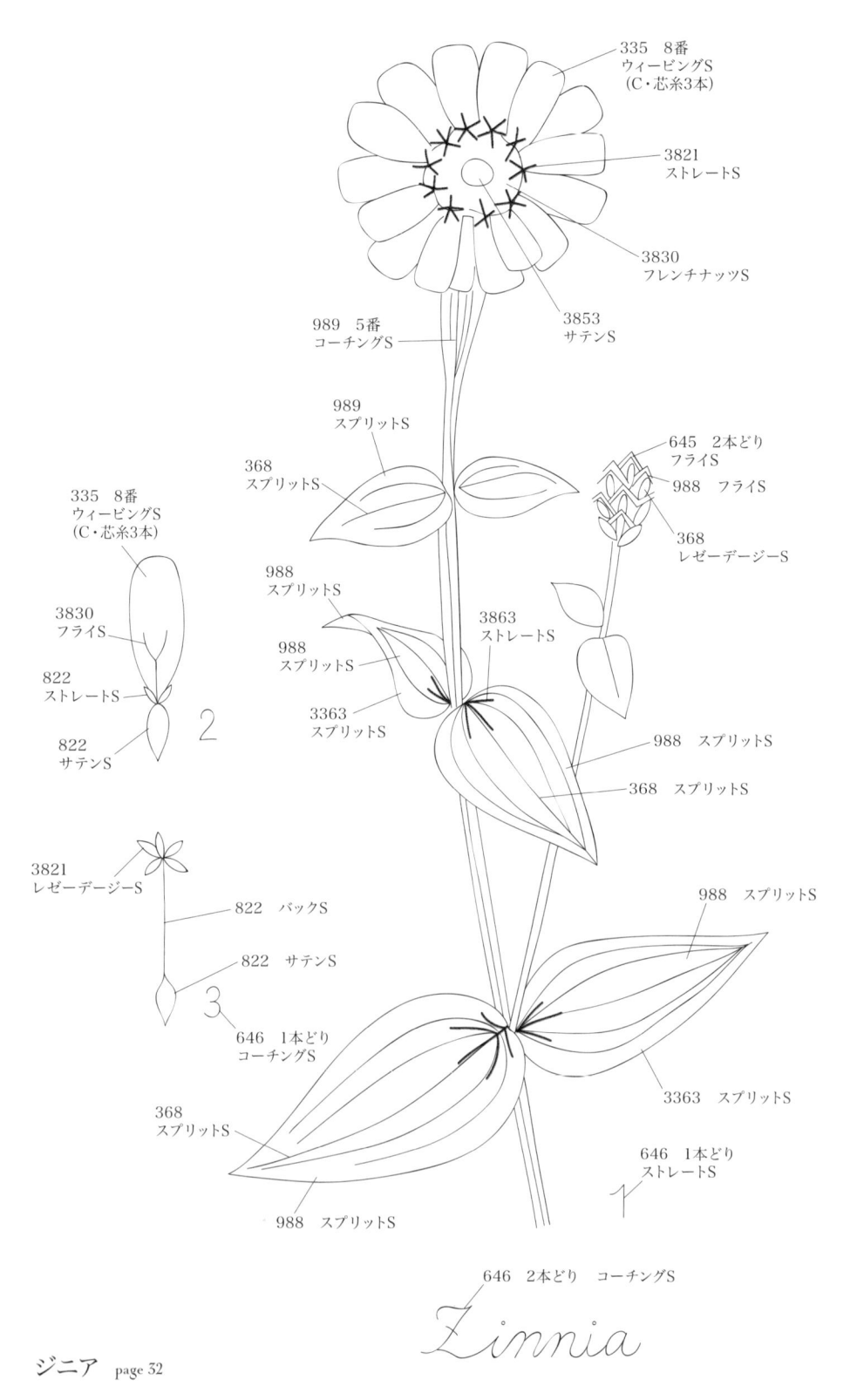

[材料] DMC刺しゅう糸25番＝368, 988, 3363, 3863, 3821, 3830, 3858, 646, 645, 822, 989　5番＝989　8番＝335
[ポイント] 花の中心部の小さな黄色の星形は、花心と外側の花びらの間に納まるようていねいに刺してください。

Envy

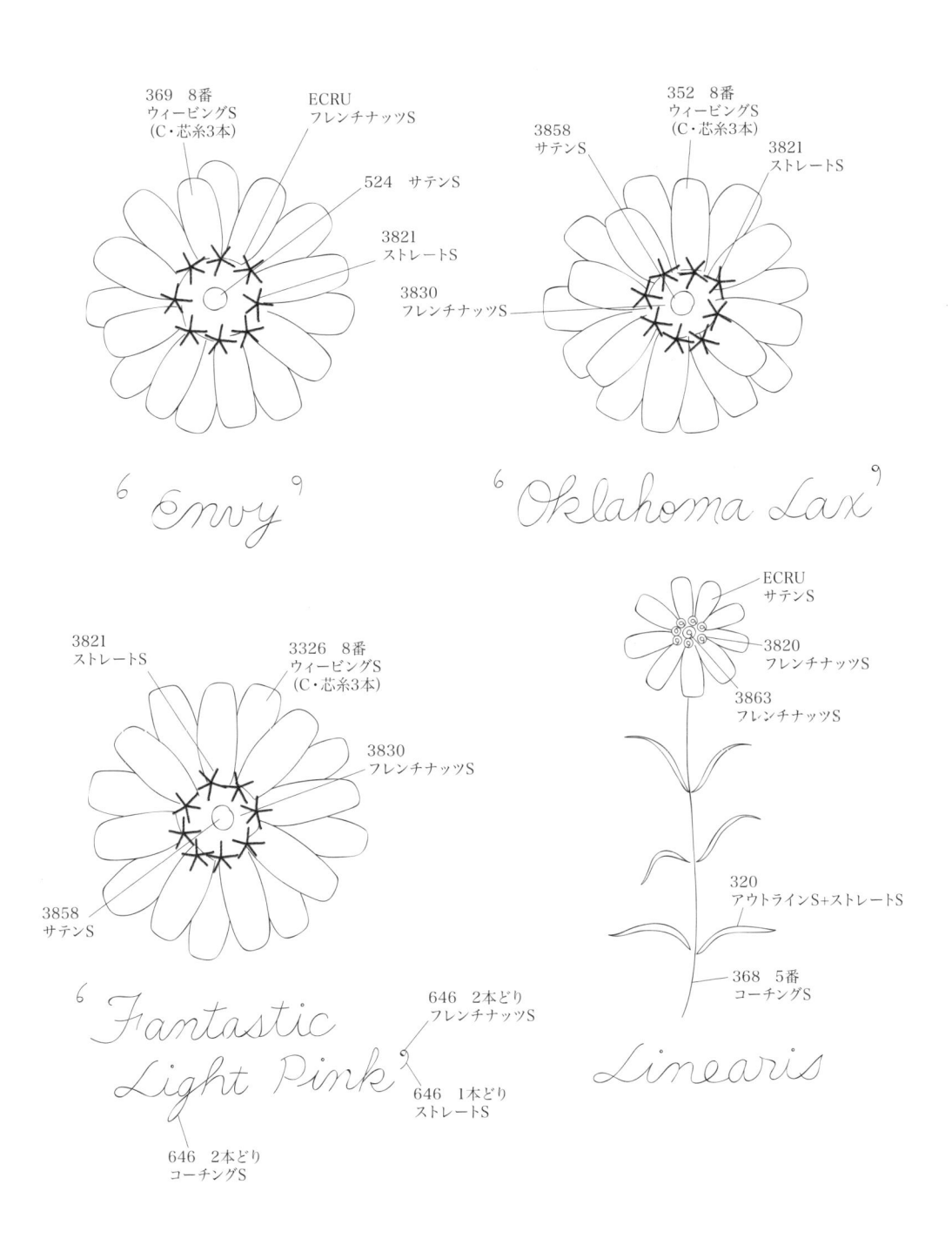

- 369 8番 ウィービングS (C・芯糸3本)
- ECRU フレンチナッツS
- 524 サテンS
- 3821 ストレートS
- 3830 フレンチナッツS

Oklahoma Lax

- 352 8番 ウィービングS (C・芯糸3本)
- 3858 サテンS
- 3821 ストレートS

Fantastic Light Pink

- 3821 ストレートS
- 3326 8番 ウィービングS (C・芯糸3本)
- 3830 フレンチナッツS
- 3858 サテンS
- 646 2本どり フレンチナッツS
- 646 1本どり ストレートS
- 646 2本どり コーチングS

Linearis

- ECRU サテンS
- 3820 フレンチナッツS
- 3863 フレンチナッツS
- 320 アウトラインS+ストレートS
- 368 5番 コーチングS

ジニア　page 53　エンビー、オクラホマラックス、ファンタスティックライトピンク、リネアリス

［材料］DMC刺しゅう糸25番＝ECRU, 524, 3821, 3820, 3863, 3830, 3858, 646, 320, 368　5番＝368　8番＝369, 352, 3326
［ポイント］立体的に重なるウィービングステッチの花びらは、下側から刺していきます。page53参照。

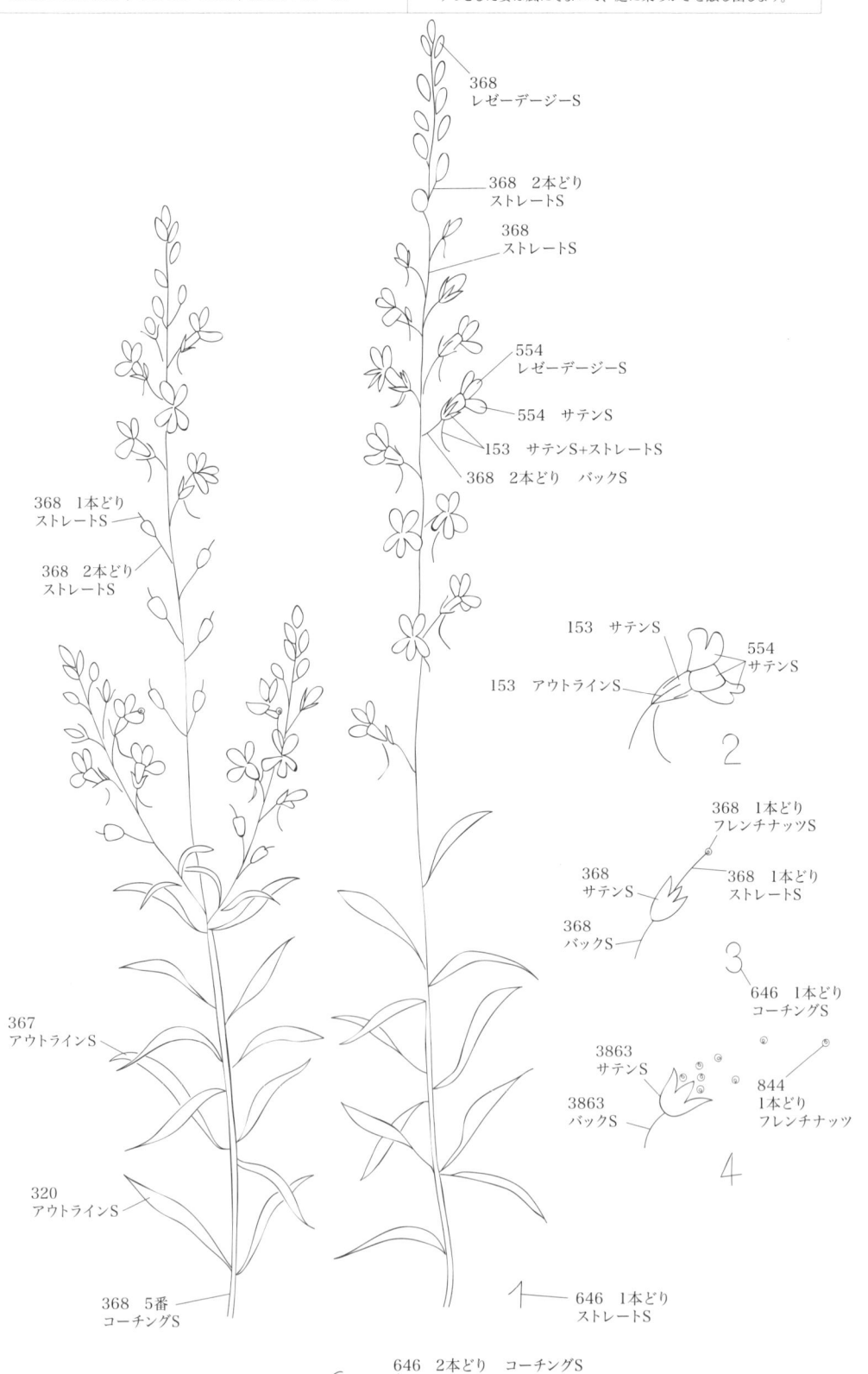

科名：ゴマノハグサ科 / 学名：*Linaria purpurea* 原産地：地中海沿岸 / 草丈：15〜90cm / 開花期：4月〜9月	一年草も宿根草もこぼれ種で増えます。 すっとした姿は風にそよいで、庭に柔らかさを醸し出します。

368　レゼーデージーS

368　2本どり
ストレートS

368
ストレートS

554
レゼーデージーS

554　サテンS

153　サテンS+ストレートS

368　2本どり　バックS

368　1本どり
ストレートS

368　2本どり
ストレートS

153　サテンS

554
サテンS

153　アウトラインS

2

368　1本どり
フレンチナッツS

368
サテンS

368　1本どり
ストレートS

368
バックS

3

646　1本どり
コーチングS

3863
サテンS

844
1本どり
フレンチナッツS

3863
バックS

4

367
アウトラインS

320
アウトラインS

368　5番
コーチングS

646　1本どり
ストレートS

646　2本どり　コーチングS

リナリア　page 34　　*Linaria*

[材　料] DMC刺しゅう糸25番＝368, 320, 367, 554, 153, 3863, 646, 844　5番＝368

科名：キク科 / 学名：*Cosmos bipinnatus* / 別名：アキザクラ　　　早咲き系の品種が作られ、早くから花が見られます。
原産地：メキシコ / 草丈：40〜200cm / 開花期：6〜11月　　　楚々とした花は、群生させてもほかの植物と混植してもいいでしょう。

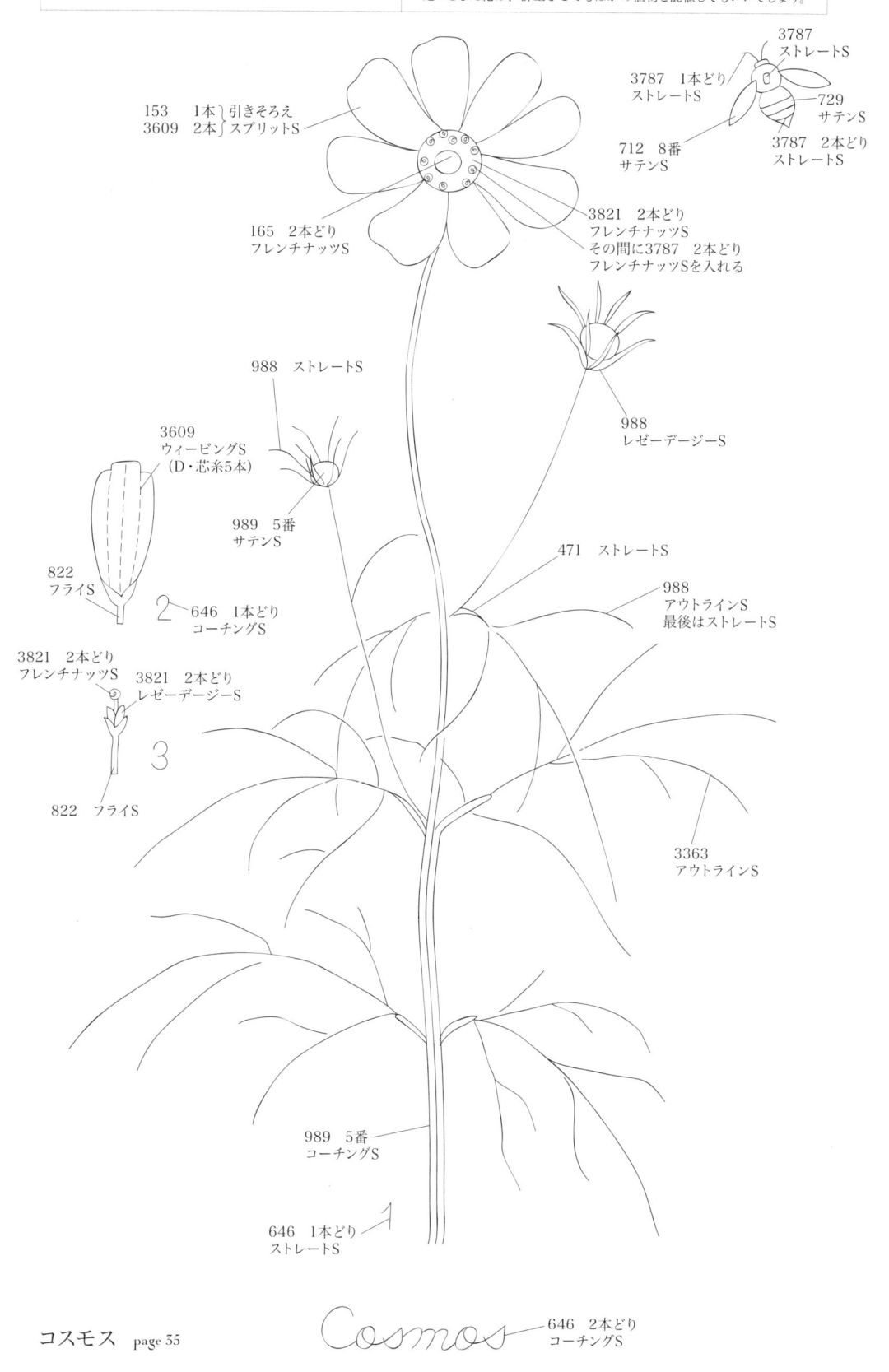

153　　1本 ⎱ 引きそろえ
3609　2本 ⎰ スプリットS

3787　ストレートS
3787　1本どり
ストレートS
729　サテンS
712　8番
サテンS
3787　2本どり
ストレートS

165　2本どり
フレンチナッツS

3821　2本どり
フレンチナッツS
その間に3787　2本どり
フレンチナッツSを入れる

988　ストレートS

3609
ウィービングS
(D・芯糸5本)

988
レゼーデージーS

989　5番
サテンS

822
フライS

646　1本どり
コーチングS

471　ストレートS

988
アウトラインS
最後はストレートS

3821　2本どり
フレンチナッツS
3821　2本どり
レゼーデージーS

822　フライS

3363
アウトラインS

989　5番
コーチングS

646　1本どり
ストレートS

コスモス　page 35

Cosmos　646　2本どり
コーチングS

[材料] DMC刺しゅう糸25番＝988, 3363, 471, 153, 3609, 165, 3821, 729, 822, 3787, 646, 989　　5番＝989　　8番＝712

81

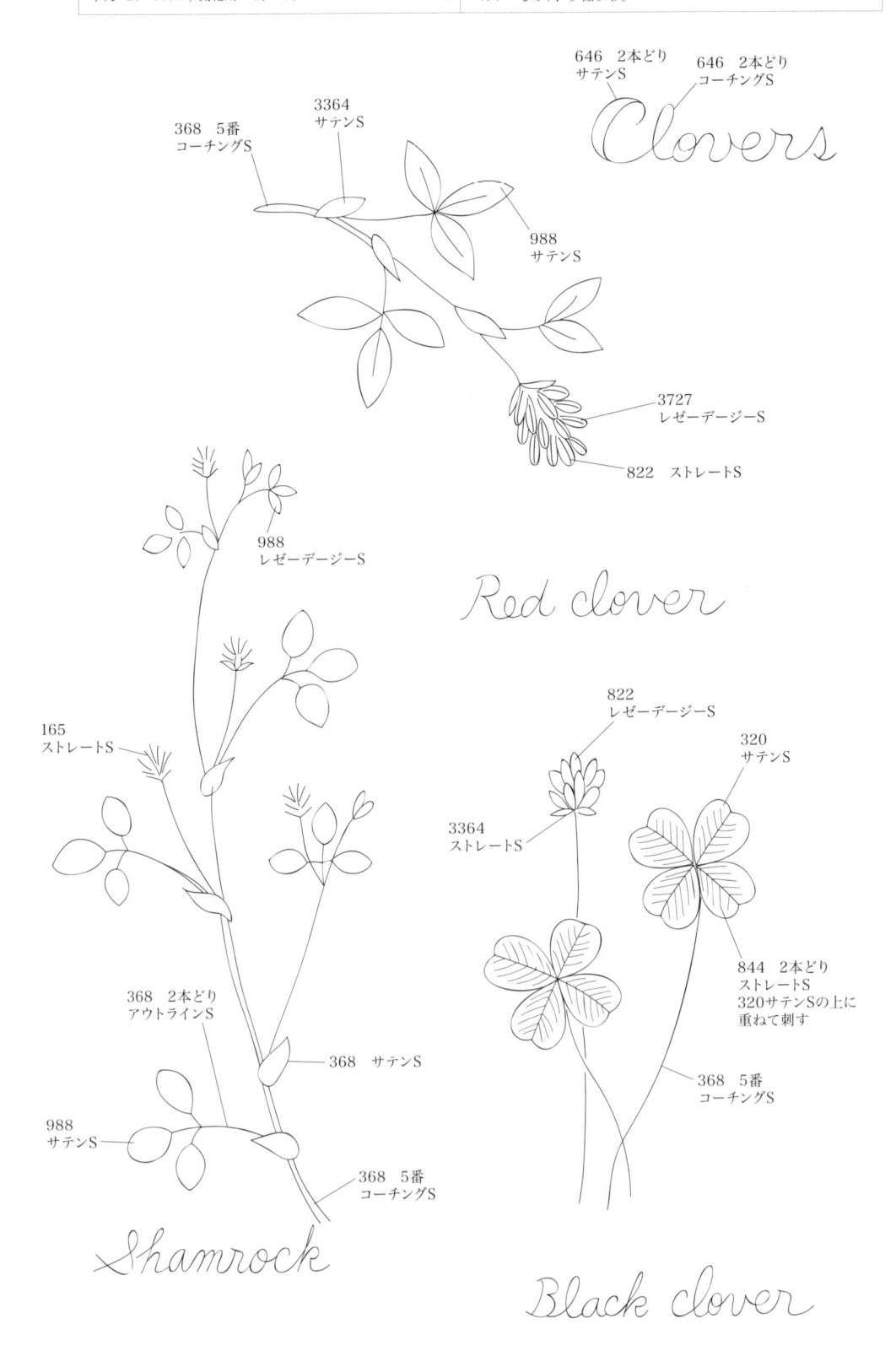

| 科名：マメ科 / 学名：*Trifolium* / 原産地：ヨーロッパ、北アメリカ
草丈：20〜50cm / 開花期：4月〜7月 | ホワイトクローバーのほかに、コンテナ素材としてワイン色やダークカラーもあり、多種多彩。 |

Clovers

646　2本どり　サテンS
646　2本どり　コーチングS
368　5番　コーチングS
3364　サテンS
988　サテンS
3727　レゼーデージーS
822　ストレートS

Red clover

988　レゼーデージーS
165　ストレートS
368　2本どり　アウトラインS
368　サテンS
988　サテンS
368　5番　コーチングS

822　レゼーデージーS
320　サテンS
3364　ストレートS
844　2本どり　ストレートS　320サテンSの上に重ねて刺す
368　5番　コーチングS

Shamrock

Black clover

クローバー　page 36　レッドクローバー、シャムロック、ブラッククローバー

［材料］DMC刺しゅう糸25番＝368, 320, 988, 3364, 165, 3727, 822, 844, 646　5番＝368

822
レゼーデージーS

772
ストレートS

422
レゼーデージーS

368　5番
コーチングS

320
サテンS

822
ストレートS

White clover

989
レゼーデージーS

3839
サテンS

3840　サテンS

368　5番
コーチングS

3790　2本どり
フレンチナッツS

822　ストレートS

3790　2本どり
ストレートS

988　サテンS

3863　アウトラインS

368　5番
コーチングS

844　サテンS

844　1本どり
ストレート

989
レゼーデージーS

989　サテンS

Blue clover

646　2本どり　コーチングS

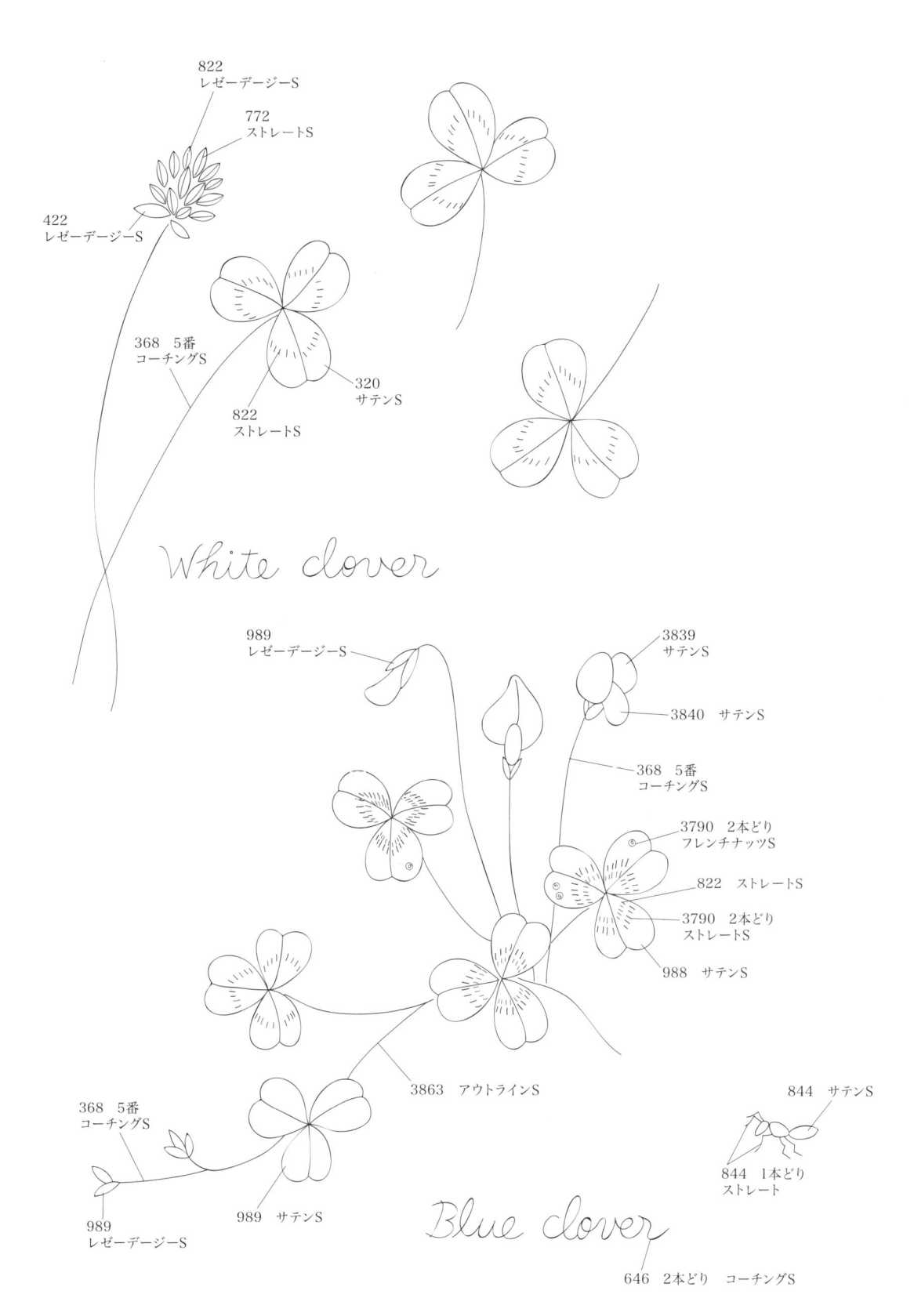

クローバー　page 37　ホワイトクローバー、ブルークローバー

[材料] DMC刺しゅう糸25番＝320, 989, 988, 772, 3840, 3839, 822, 422, 3863, 3790, 844, 646, 368　5番＝368

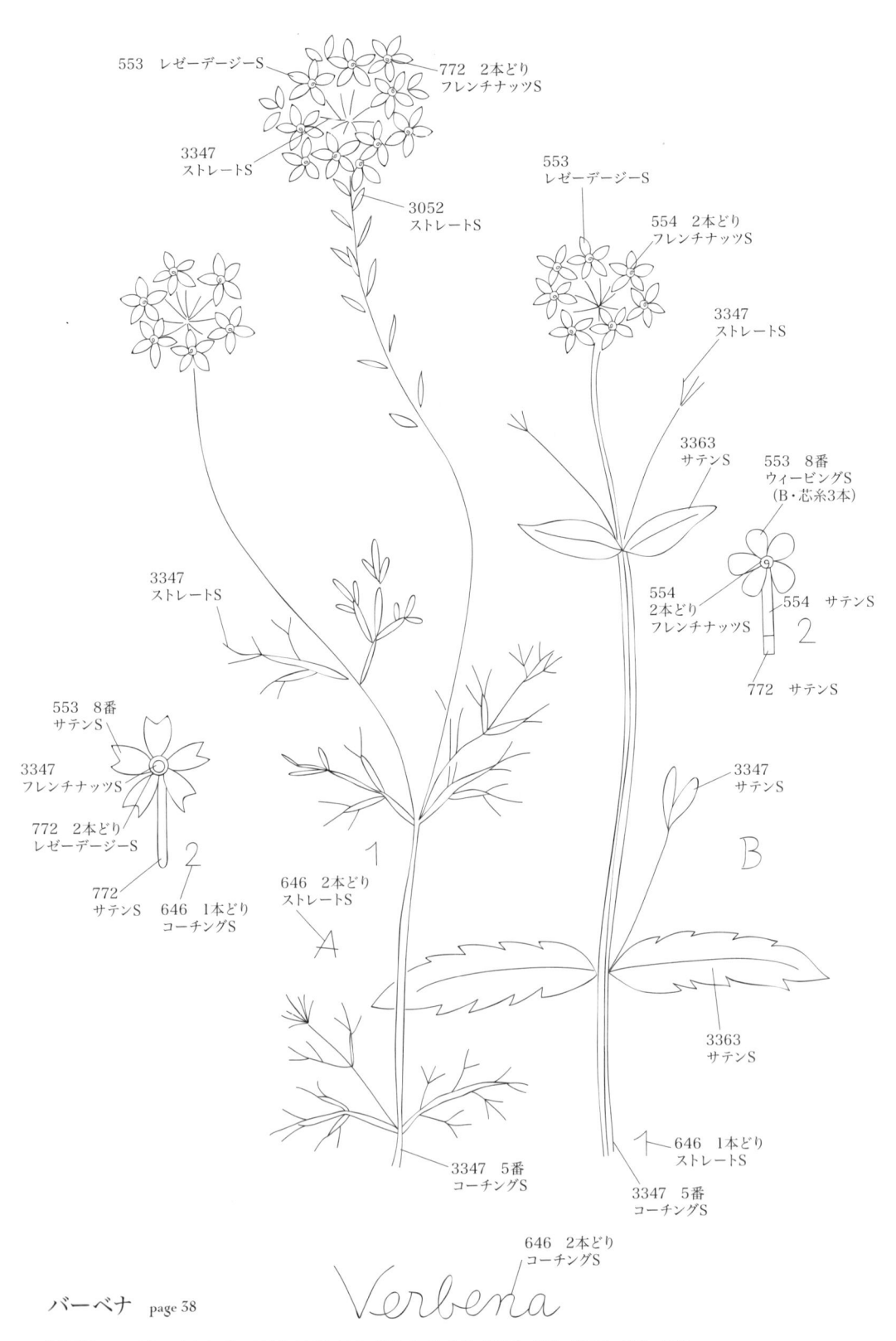

科名：クマツヅラ科 / 学名：*Verbena* / 別名：ビジョザクラ 原産地：アメリカ、ヨーロッパ / 草丈：20～100cm / 開花期：5月～11月	暑さや乾燥に強く、桜に似た小さな花が集まって、下から順番に咲き上がり、茎が地面にそうように伸びていきます。

553　レゼーデージーS
772　2本どり　フレンチナッツS
3347　ストレートS
3052　ストレートS
553　レゼーデージーS
554　2本どり　フレンチナッツS
3347　ストレートS
3347　ストレートS
3363　サテンS
553　8番　ウィービングS（B・芯糸3本）
554　2本どり　フレンチナッツS
554　サテンS
772　サテンS
3347　サテンS
553　8番　サテンS
3347　フレンチナッツS
772　2本どり　レゼーデージーS
772　サテンS
646　1本どり　コーチングS
646　2本どり　ストレートS
3363　サテンS
646　1本どり　ストレートS
3347　5番　コーチングS
3347　5番　コーチングS
646　2本どり　コーチングS

バーベナ　page 38

Verbena

[材料] DMC刺しゅう糸25番＝3347, 3363, 772, 553, 554, 646, 3052　5番＝3347　8番＝553
[ポイント] 小さな花をひとつずつ意識して、刺しましょう。花びらを仕上げてから、花心をのせるように刺しゅうします。

科名：キンポウゲ科 / 学名：*Clematis* / 別名：テッセン
原産地：北半球温帯 / 草丈：20〜500cm / 開花期：5〜10月

つる植物の女王と呼ぶにふさわしい、華やかな花形と多彩な色。
モデルの'這沢'は、ベル型の花と種の形が気にいっています。

989　ストレート
3608　2本 ┐ 引きそろえ
3688　1本 ┘ サテンS

822　2本どり
アウトラインS

989　ストレート
989　2本 ┐ 引きそろえ
3608　1本 ┘ サテンS

3347
スプリットS

3363
スプリットS

989
スプリットS

3347
スプリットS

471　2本どり
コーチングS

470　レゼーデージーS

471
アウトラインS

471　1本どり
ストレートS

471　1本どり
ストレートS

646　1本どり
コーチングS

989　5番
コーチングS

470
サテンS

646　1本どり
ストレートS

989　5番
コーチングS

646　2本どり　コーチングS

Clematis

クレマチス　page 39

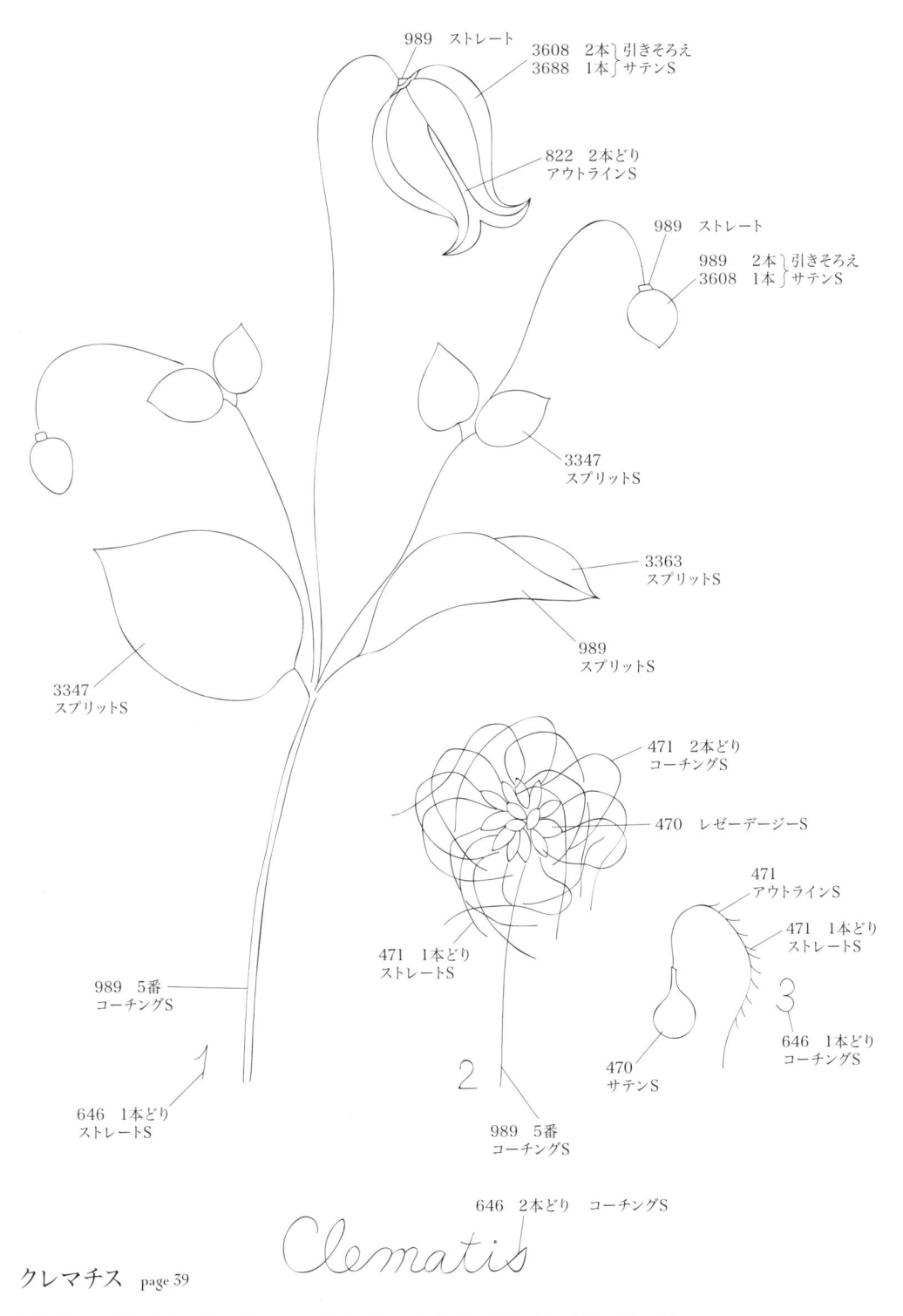

[材料] DMC刺しゅう糸25番＝989, 3347, 3363, 471, 470, 3608, 3688, 822, 646　5番＝989
[ポイント] 2、3はクレマチスの種です。コーチングステッチで、ふわふわした感じにとめつけます。

科名：シソ科 / 学名：*Lavandula* / 原産地：地中海沿岸、カナリア諸島、アジア南西部、インド / 草丈：30～100cm / 開花期：5月～7月	香りのよさで愛されているハーブ。近くを通るたびに、花や葉に手を伸ばして香りを楽しみます。日当りと水はけのいい場所に。

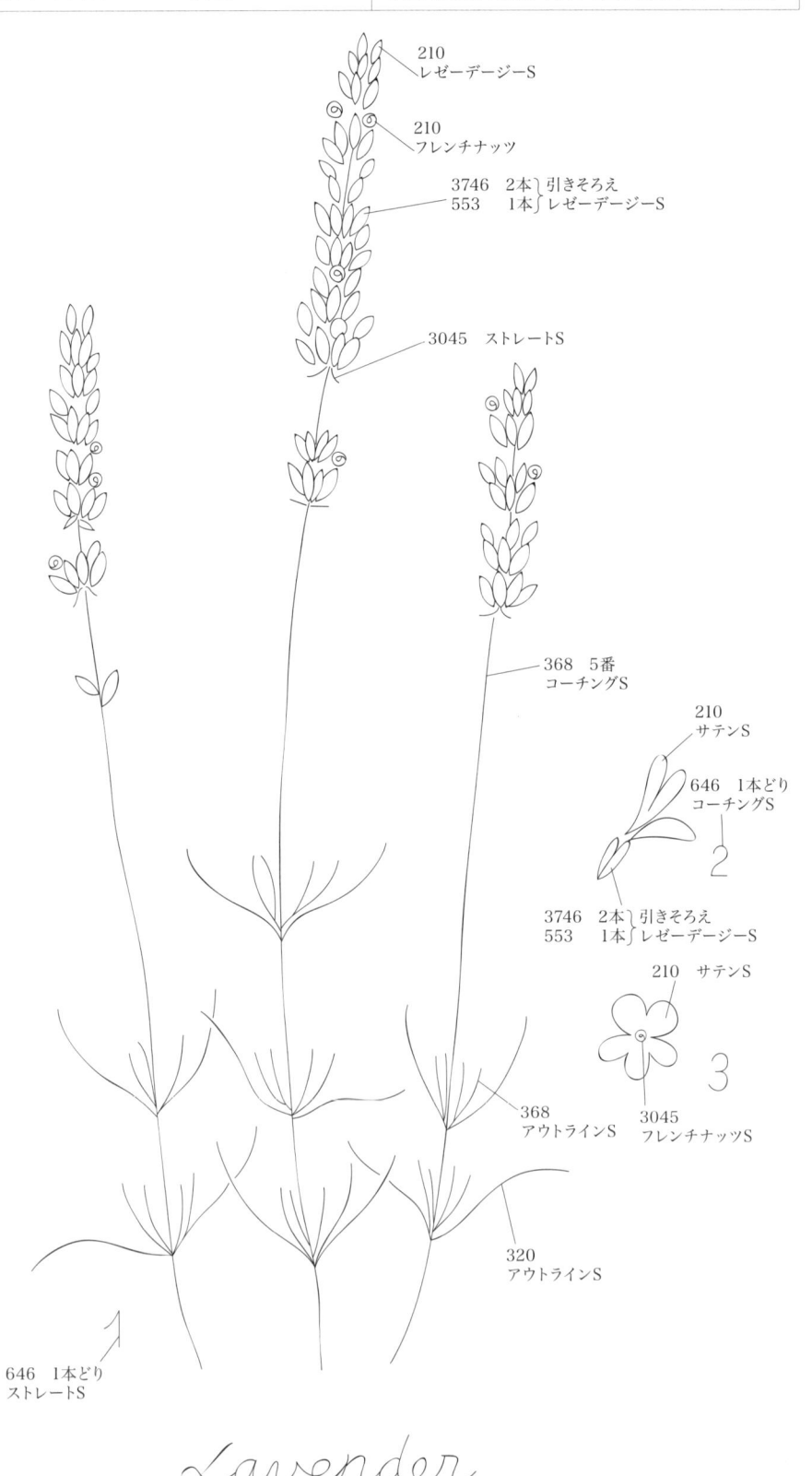

210
レゼーデージーS

210
フレンチナッツ

3746　2本 ┐引きそろえ
553　　1本 ┘レゼーデージーS

3045　ストレートS

368　5番
コーチングS

210
サテンS

646　1本どり
コーチングS

2

3746　2本 ┐引きそろえ
553　　1本 ┘レゼーデージーS

210　サテンS

3

368
アウトラインS

3045
フレンチナッツS

320
アウトラインS

646　1本どり
ストレートS

Lavender

ラベンダー　page 40

646　2本どり　コーチングS

[材料] DMC刺しゅう糸25番＝368, 320, 210, 553, 3746, 3045, 646　5番＝368

L. pinnata

- 368 レゼーデージーS
- 844 ストレートS
- 712 8番 サテンS
- 155 2本 ┐引きそろえ
- 208 1本 ┘レゼーデージーS
- 729 サテンS
- 844 2本どり ストレートS
- 844 1本どり バックS
- 368 5番 コーチングS
- 646 2本どり コーチングS
- 320 ストレートS
- 368 ストレートS
- 211 レゼーデージーS
- 211 フレンチナッツS
- 368 レゼーデージーS

L. dentata

- 208 サテンS
- 3041 2本 ┐引きそろえ
- 320 1本 ┘レゼーデージーS
- 368 5番 コーチングS
- 368 ストレートS

L. stoechas

- 3053 5番 コーチングS
- 320 アウトラインS

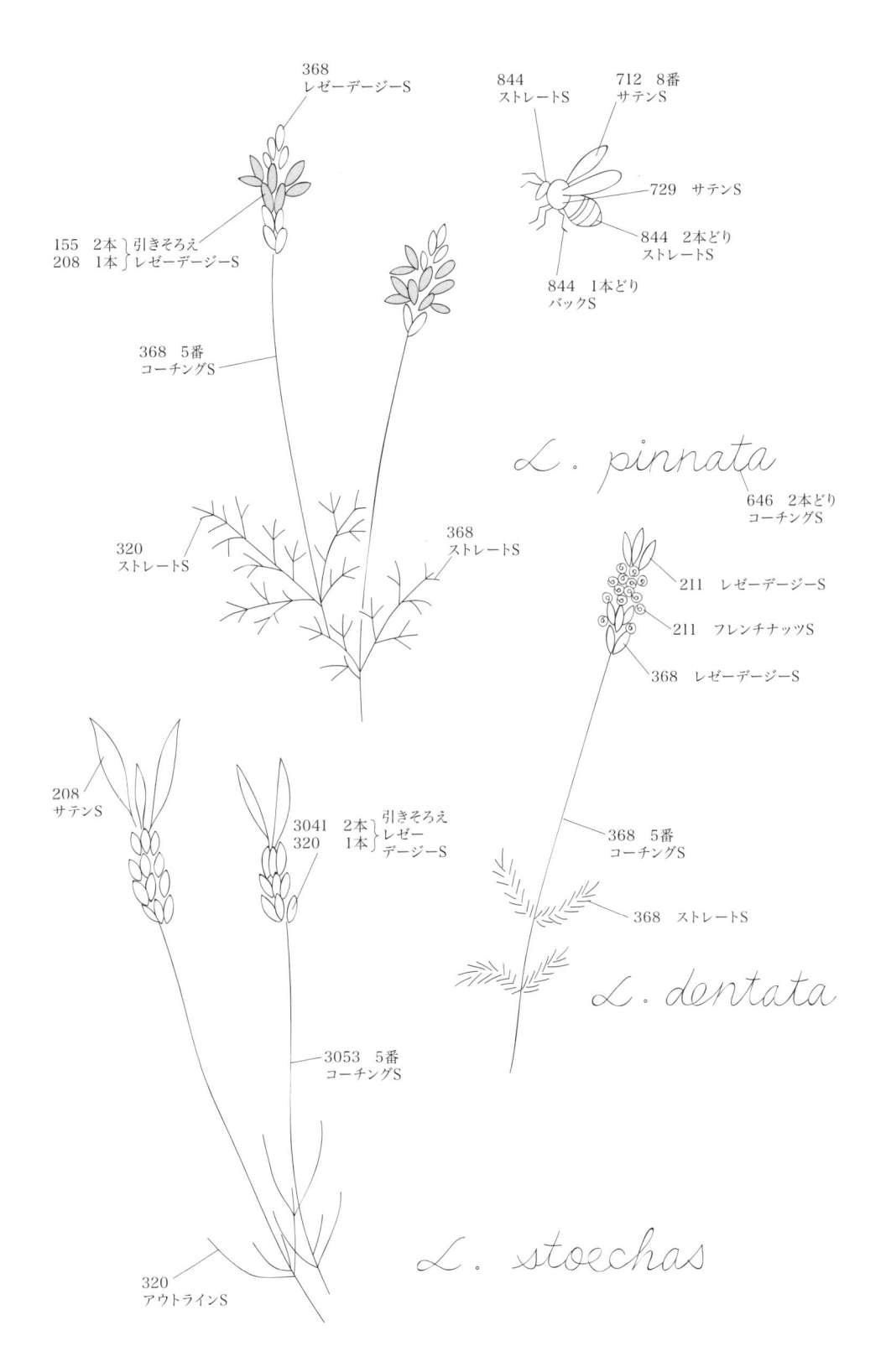

ラベンダー　page 41　ラベンダー・ピナータ、ラベンダー・デンタータ、ラベンダー・ストエカス

[材料] DMC刺しゅう糸25番=368, 320, 211, 155, 208, 3041, 729, 844, 646, 3053　5番=368, 3053　8番=712

| 科名：ユリ科 / 学名：*Allium* / 別名：ハナネギ | 小さな花が集まってボール型になり、打上げ花火のように咲きます。 |
| 原産地：北半球 / 草丈：30〜150cm / 開花期：4月〜6月 | 一つの花は六弁で、中心から等間隔で開いていきます。 |

368　5番
コーチングS

368　2回巻き
フレンチナッツS

3836　1本どり
フレンチナッツS

739　1本どり
ストレートS

989
スプリットS

3608　2本）引きそろえ
3836　1本∫ストレートS

麻糸L202を
989　1本どりで
コーチングS
花を刺したあと
中心に向かって
刺す

3363
スプリットS

3608
ウィービングS
(B・芯糸3本)

368　5回巻き
フレンチナッツS

989
サテンS

739　1本どり
ストレートS

989　2本］引きそろえ
822　1本∫サテンS

3836　2本どり
フレンチナッツS

822
サテンS

368　5番
コーチングS

739　2本どり
ストレートS

368
サテンS

646　1本どり
ストレートS

368　5番
コーチングS

822　5番
サテンS

麻糸L901を
822　1本どりで
コーチングS

646　1本どり
コーチングS

646　2本どり
コーチングS

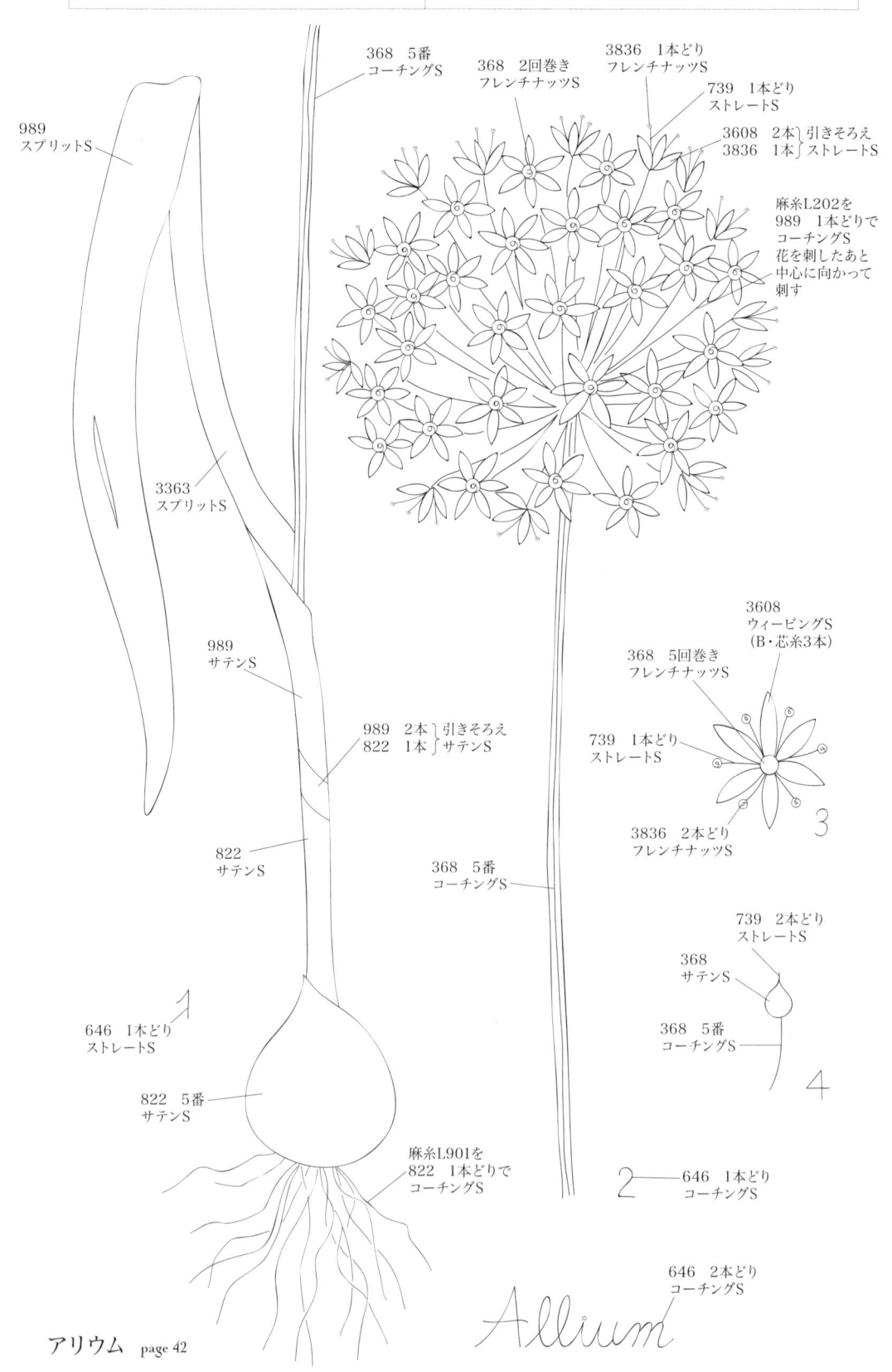

Allium

アリウム　page 42

[材料] DMC刺しゅう糸25番＝368, 3608, 3836, 822, 739, 989, 3363, 646　5番＝368, 822　AFE麻刺しゅう糸＝L202, L901

科名：バラ科 / 学名：*Alchemilla vulgaris* / 別名：ハゴロモグサ
原産地：ヨーロッパ / 草丈：20〜40cm / 開花期：5〜6月

「聖母のマント」と呼ばれているハーブ。丸い葉と黄緑色の小さな花がまとまって咲くと、明るく柔らかい雰囲気になります。

368　2本どり
コーチングS

472　4本どり
ストレートS

445　2本どり
フレンチナッツS

989
レゼーデージーS

472
糸によりをかけて
ウィービングS
(B・芯糸3本)

445　サテンS

472　1本どり
ストレートS

989
スプリットS

989
サテンS

472
レゼーデージーS

3787　1本どり
フレンチナッツS

3787　2本どり
ストレートS

3787　2本どり
フレンチナッツS

3328　サテンS

3023　1本どり
バックS

989
スプリットS

320
スプリットS

646　1本どり
コーチングS

368　5番
コーチングS

646　1本どり
ストレートS

646　2本どり　コーチングS

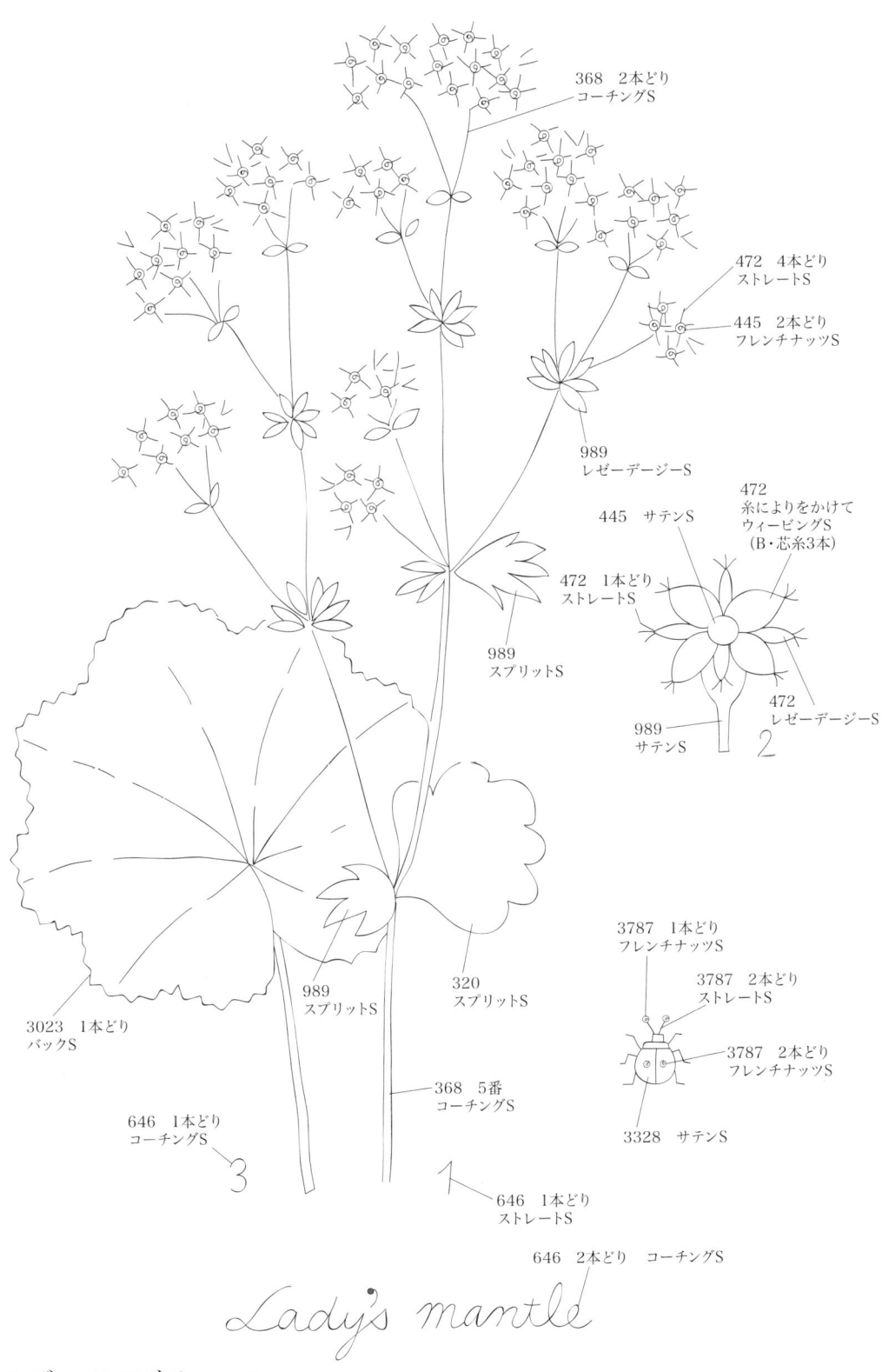

Lady's mantle

レディースマントル　page 43

[材料] DMC刺しゅう糸25番＝989, 320, 445, 472, 3023, 646, 3787, 3328, 368　5番＝368

科名：キキョウ科 / 学名：*Campanula rapunculoides* / 別名：ベルフラワー 原産地：ヨーロッパ / 草丈：60〜120cm / 開花期：5月〜6月	庭に群生させているのは、地下茎で増えるこのカンパニュラ。 すらりと背が高く、切り花にもよく使います。

822　2本 ⎫ 引きそろえ
155　1本 ⎭ サテンS

989
ストレートS

155
サテンS

729　サテンS

368
バックS

844　2本どり　　712　8番
ストレートS　　ストレートS

別布を透明糸で
たてまつり

822　2本どり
コーチングS

987
サテンS

3023　1本どり
バックS

989
サテンS

612
バックS

368
アウトラインS

844　1本どり　　844　2本どり
ストレートS　　ストレートS

3348
レゼーデージーS

989
アウトラインS

368　5番
ストレートS

822
ストレートS

612
サテンS

612
サテンS

麻糸L904を
612　1本どりで
コーチングS

646　1本どり
コーチングS

3347
サテンS

3746　2本 ⎫ 引きそろえ
155　1本 ⎭ ロングアンドショートS

3807
サテンS

3023　1本どり
バックS

646　1本どり　　368　5番　　646　1本どり
ストレートS　　コーチングS　　ストレートS

646　2本どり　コーチングS

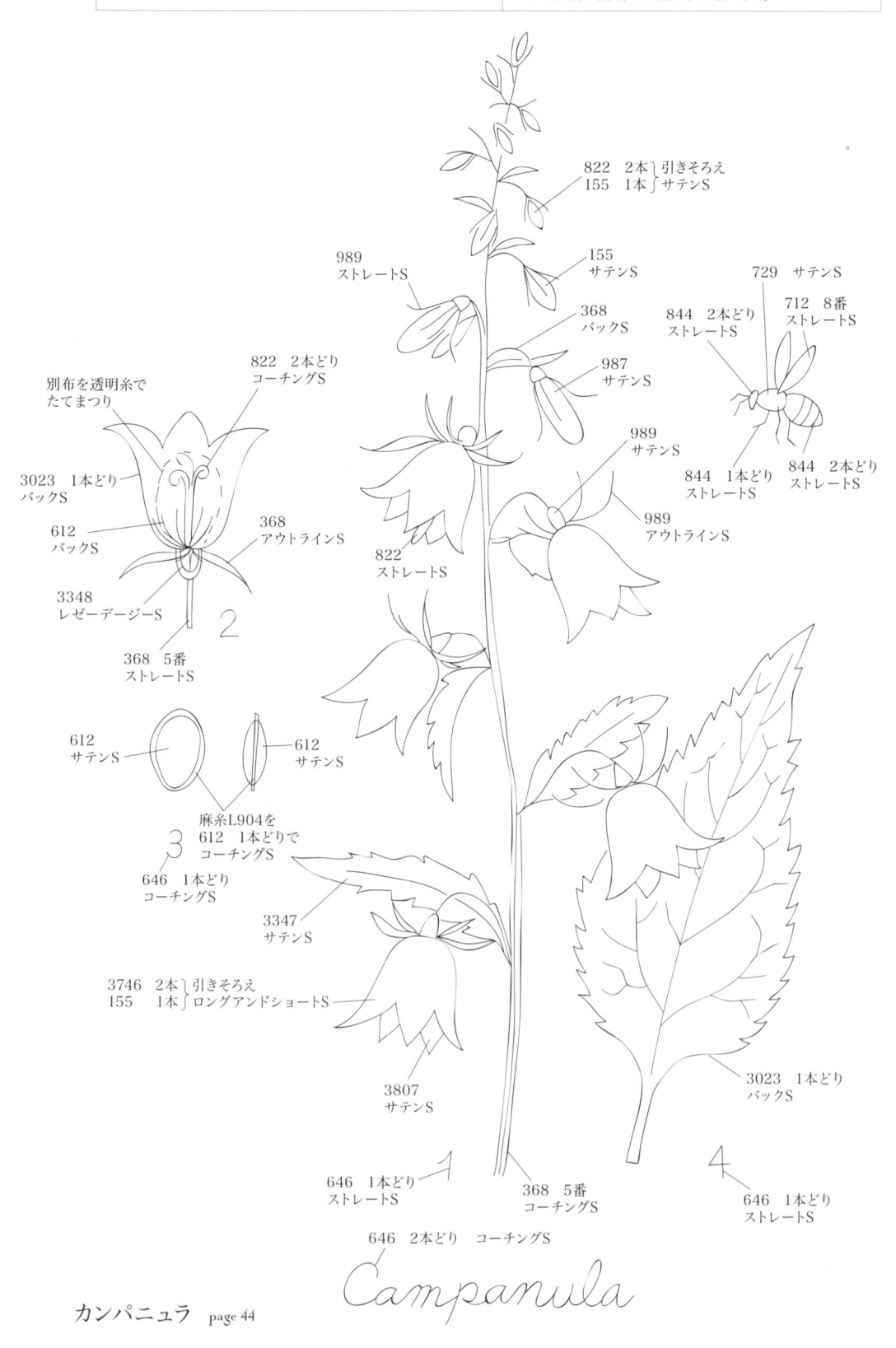

Campanula

カンパニュラ　page 44

[材料] DMC刺しゅう糸25番＝368, 989, 3347, 3363, 3746, 155, 3807, 612, 3023, 646, 822, 3348　5番＝368
AFE麻刺しゅう糸＝L904　別布＝オーガンジー(パープル)少々

科名：キンポウゲ科 / 学名：*Anemone × hybrida* / 別名：シュウメイギク
原産地：中国 / 草丈：60〜100cm / 開花期：10〜11月

茶花として親しまれているシュウメイギクのほかに、園芸改良種があります。モデルは園芸種の'ダイアナ'です。

3607　2本 ┐引きそろえ
3687　1本 ┘ロングアンドショートS

3608
ロングアンドショートS

472　サテンS

3821　フレンチナッツS

3052　2本 ┐引きそろえ
3687　1本 ┘サテンS

3347　レゼーデージーS

642　1本どり
バックS

3052　2本 ┐引きそろえ
3687　1本 ┘レゼーデージーS

3347
サテンS

472
フレンチナッツS

646　1本どり
コーチングS

3052　5番
コーチングS

646　1本どり
ストレートS

646　2本どり　コーチングS

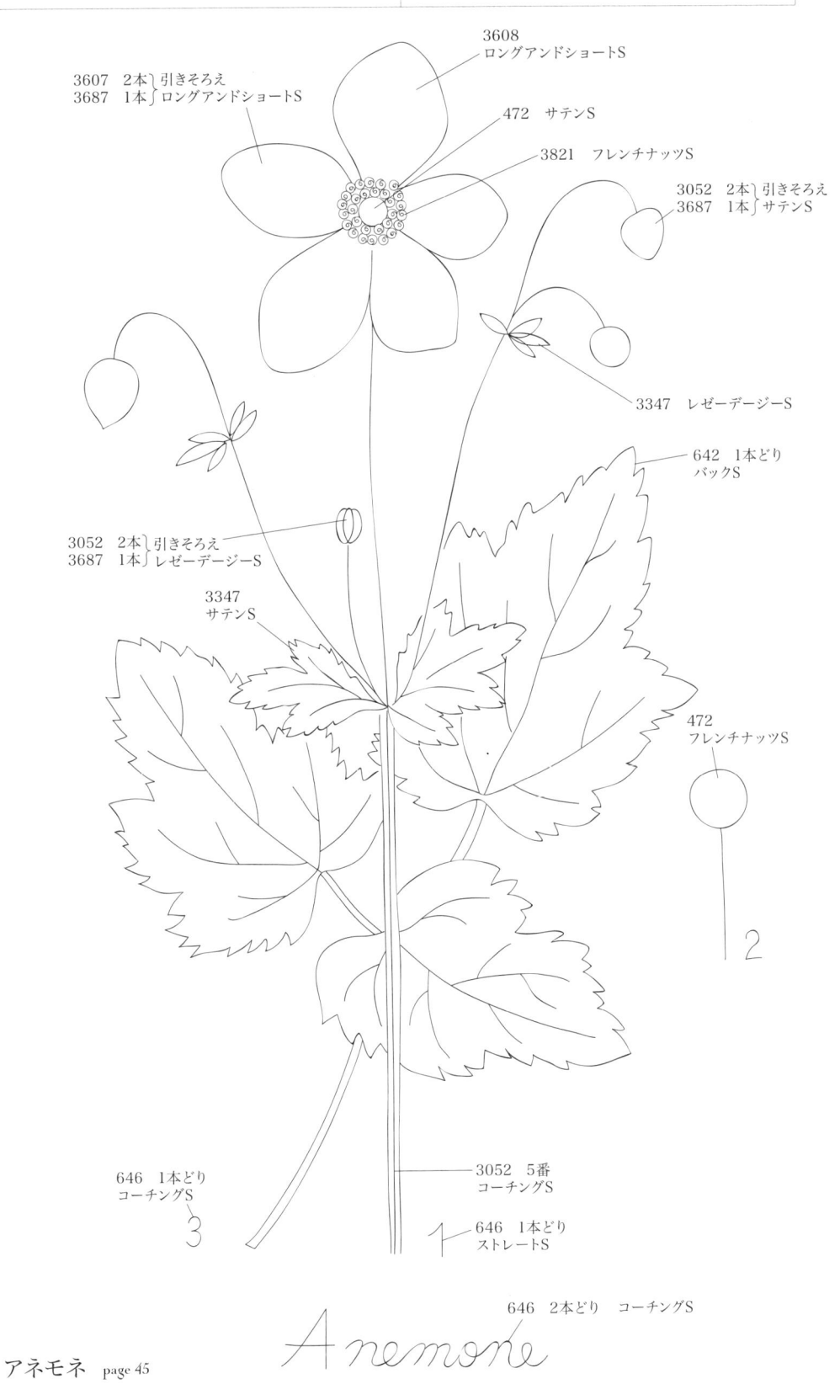

Anemone

アネモネ　page 45

[材料] DMC刺しゅう糸25番＝3052, 3347, 72, 3608, 3607, 3687, 642, 646, 3821　5番＝3052

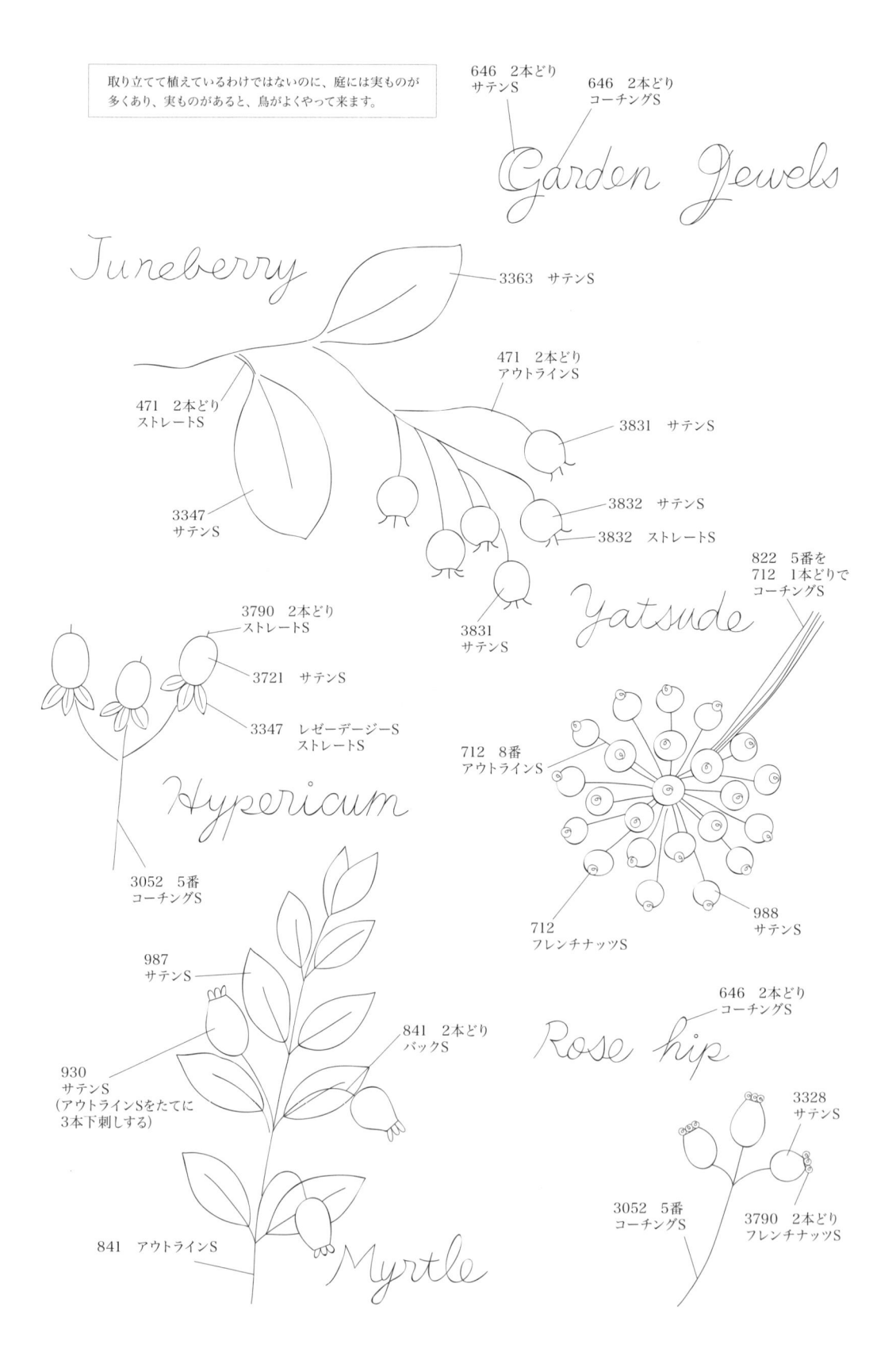

取り立てて植えているわけではないのに、庭には実ものが多くあり、実ものがあると、鳥がよくやって来ます。

646　2本どり　サテンS
646　2本どり　コーチングS

Garden Jewels

Juneberry

3363　サテンS
471　2本どり　アウトラインS
471　2本どり　ストレートS
3831　サテンS
3347　サテンS
3832　サテンS
3832　ストレートS
3831　サテンS

Yatsude

822　5番を712　1本どりでコーチングS
712　8番　アウトラインS
712　フレンチナッツS
988　サテンS

3790　2本どり　ストレートS
3721　サテンS
3347　レゼーデージーS　ストレートS
3052　5番　コーチングS

Hypericum

987　サテンS
841　2本どり　バックS
930　サテンS（アウトラインSをたてに3本下刺しする）
841　アウトラインS

Myrtle

Rose hip

646　2本どり　コーチングS
3328　サテンS
3052　5番　コーチングS
3790　2本どり　フレンチナッツS

ガーデンジュエル　page 46　ジューンベリー、ヤツデ、ヒペリカム、マートル、ローズヒップ

[材料] DMC刺しゅう糸25番＝471，988，3347，3363，987，841，3790，3832，3831，3328，3721，712，646，930，3052　5番＝822，3052　8番＝712

Nanten

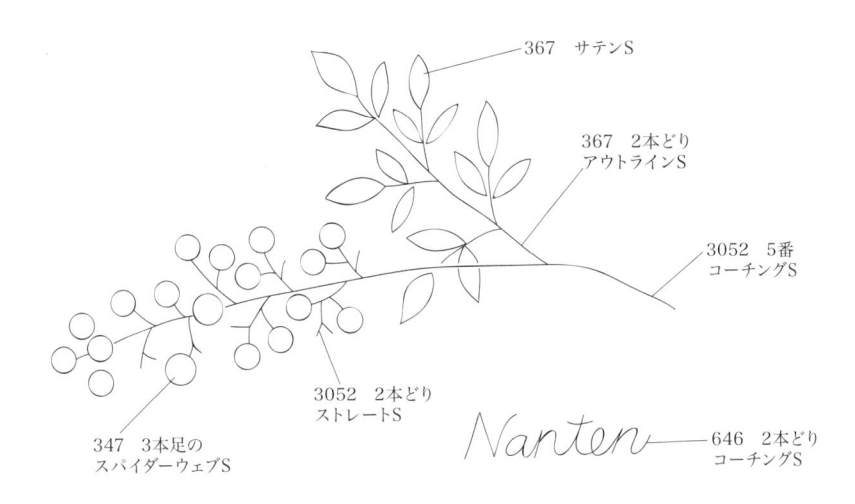

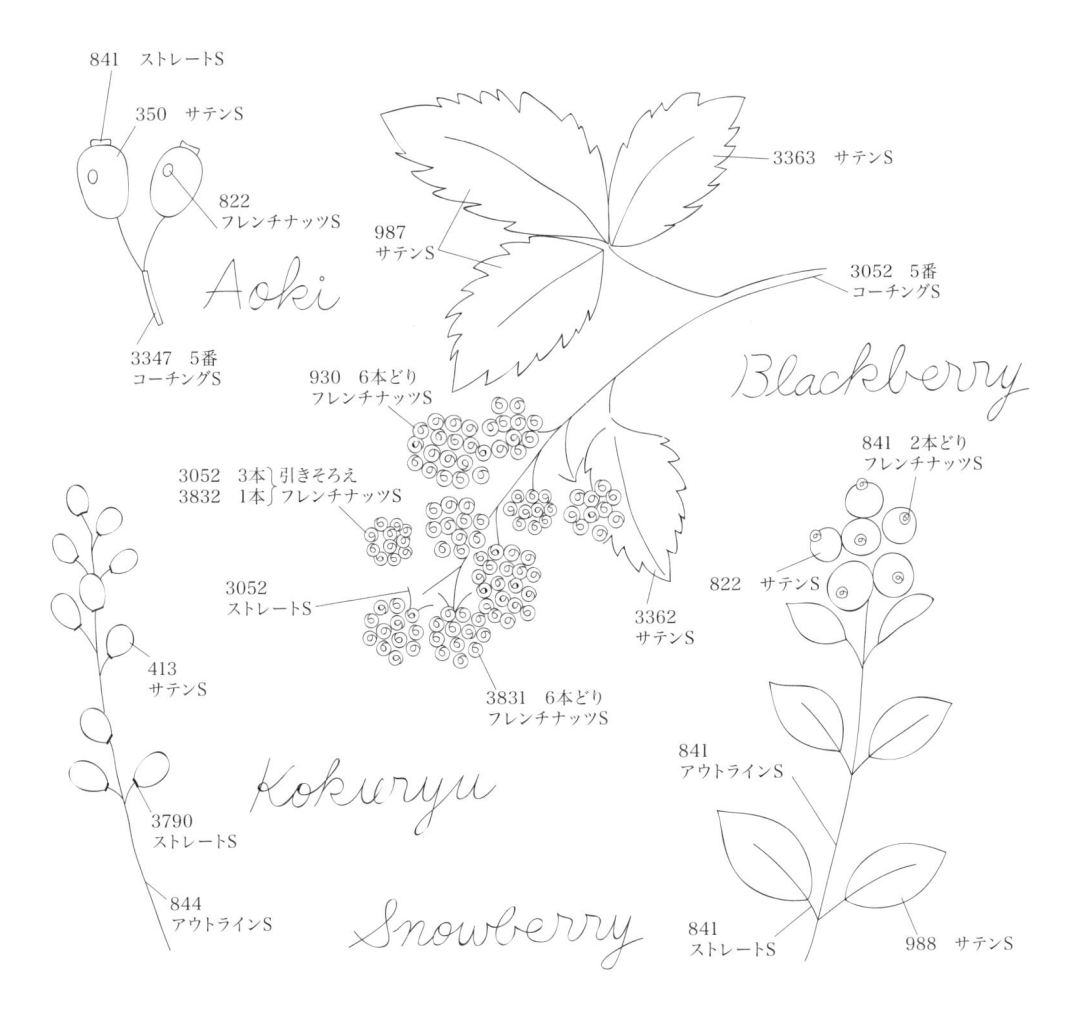

- 367　サテンS
- 367　2本どり　アウトラインS
- 3052　5番　コーチングS
- 3052　2本どり　ストレートS
- 347　3本足の　スパイダーウェブS
- 646　2本どり　コーチングS

Aoki

- 841　ストレートS
- 350　サテンS
- 822　フレンチナッツS
- 3347　5番　コーチングS

Blackberry

- 3363　サテンS
- 987　サテンS
- 3052　5番　コーチングS
- 930　6本どり　フレンチナッツS
- 3052　3本　引きそろえ
- 3832　1本　フレンチナッツS
- 3052　ストレートS
- 3362　サテンS
- 3831　6本どり　フレンチナッツS

Kokuryu

- 413　サテンS
- 3790　ストレートS
- 844　アウトラインS

Snowberry

- 841　2本どり　フレンチナッツS
- 822　サテンS
- 841　アウトラインS
- 841　ストレートS
- 988　サテンS

ガーデンジュエル　page 47　ナンテン、アオキ、ブラックベリー、コクリュウ、スノーベリー

[材料] DMC刺しゅう糸25番＝3347, 988, 987, 3363, 3362, 350, 347, 822, 646, 413, 844, 3052, 367, 841, 3790, 3832, 3831, 930　5番＝3052, 3347

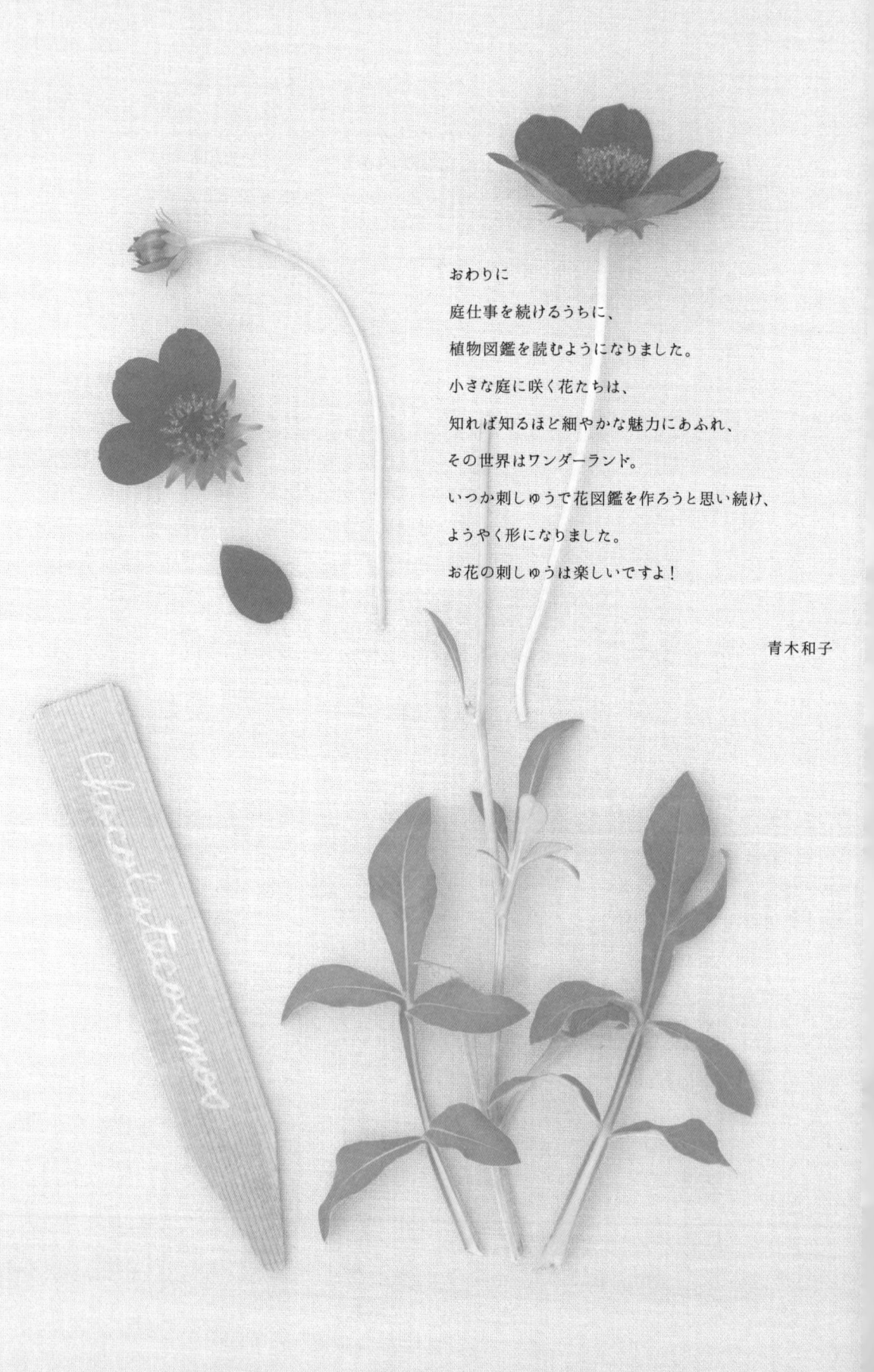

おわりに
庭仕事を続けるうちに、
植物図鑑を読むようになりました。
小さな庭に咲く花たちは、
知れば知るほど細やかな魅力にあふれ、
その世界はワンダーランド。
いつか刺しゅうで花図鑑を作ろうと思い続け、
ようやく形になりました。
お花の刺しゅうは楽しいですよ!

青木和子

青木和子　KAZUKO AOKI
日々の暮らしの中で、自分が手をかけて育てた庭の花や、
旅先で出会った野原や庭の花たちをスケッチしたものを、
布地に刺しゅう糸で描いていく。
ナチュラルで魅力的な作品の数々は、いとしさ、美しさ、楽しさが
大いに人々の共感を呼ぶところとなっている。
手芸家としてだけでなく、園芸家としても熱心な勉強を続けている。

著書に『青木和子のクロスステッチ バラと暮らす』
『青木和子 旅の刺しゅう 野原に会いにイギリスへ』
『青木和子 刺しゅうのレシピ A to Z』
『青木和子 クロスステッチ A to Z』
『青木和子 旅の刺しゅう2 赤毛のアンの島』
『青木和子 季節の刺しゅう SEASONS』
『青木和子 旅の刺しゅう3 コッツウォルズと湖水地方を訪ねて』
『青木和子の刺しゅう 庭の野菜図鑑』
『青木和子の刺しゅう 散歩の手帖』
(すべて文化出版局刊)ほか多数。
フランス、アメリカ、中国、台湾、韓国で翻訳されている本もある。

ブックデザイン	天野美保子
撮影	安田如水(文化出版局)
トレース	day studio ダイラクサトミ
協力	通谷尚子
校閲	堀口惠美子
編集	大沢洋子(文化出版局)

参考文献
Nordens Flora　　C.A.M.Lindman
Annuals and Biennials　　Roger Phillips & Martyn Rix
夏の虫　夏の花　　福音館
ガーデニング基本大百科　　集英社
香りの草花 ハーブ　　NHK出版
毎年花咲く宿根草花　　NHK出版

Special thanks
Marie Bengtsson

刺しゅう糸提供
ディー・エム・シー
〒101-0035 東京都千代田区神田紺屋町13番地 山東ビル7F
TEL: 03-5296-7831 (代) / FAX: 03-5296-7833
http://www.dmc.com

青木和子の刺しゅう
庭の花図鑑

2013年　3月 8日　第1刷発行
2018年12月14日　第4刷発行
著　者　青木和子
発行者　大沼 淳
発行所　学校法人文化学園 文化出版局
　　　　〒151-8524
　　　　東京都渋谷区代々木3-22-1
　　　　電話 03-3299-2489 (編集)
　　　　　　 03-3299-2540 (営業)
印刷・製本所　　株式会社文化カラー印刷

©Kazuko Aoki 2013　Printed in Japan
本書の写真、カット及び内容の無断転載を禁じます。

・本書のコピー、スキャン、デジタル化等の無断複製は著作権法上での例外を除き、禁じられています。
・本書を代行業者等の第三者に依頼してスキャンやデジタル化することは、たとえ個人や家庭内での利用でも著作権法違反になります。
・本書で紹介した作品の全部または一部を商品化、複製頒布、及びコンクールなどの応募作品として出品することは禁じられています。
・撮影状況や印刷により、作品の色は実物と多少異なる場合があります。ご了承ください。

文化出版局のホームページ　http://books.bunka.ac.jp/

青木和子の本

青木和子の刺しゅう
庭の野菜図鑑

『庭の花図鑑』に続き、庭の畑で作れる野菜を刺しゅうで表現した一冊。トマトやニンジン、カボチャなどの野菜、ハーブ、果樹、エディブルフラワー（食用花）と道具類、小さな生き物たちも登場。

青木和子の刺しゅう
散歩の手帖

たんぽぽの咲くころ、土手沿いを歩く、雨の日、ひまわりの隊列、公園の隅、夏のちょう、色づく木の葉、運河の向こう側、バードウォッチング……手帖を片手に花咲く道を散歩して生まれた刺しゅう。

青木和子　旅の刺しゅう
野原に会いにイギリスへ

イギリスの野原を訪ねる旅は、ワイルドフラワーの咲くメドウ（草原）、あこがれの庭、フラワーマーケット、街の中の花にも出会う旅でした。心に残る野原の風景や花のにぎわいを刺しゅうに。

青木和子　旅の刺しゅう2
赤毛のアンの島

豊かな想像力で、数多くの幸せと事件を引き起こしたアンの物語に描かれた花は、今でも咲いているのかしら……と、カナダのプリンス・エドワード島へ。植物、動物、建物、風景などを刺しゅう。

青木和子　旅の刺しゅう3
コッツウォルズと
湖水地方を訪ねて

イギリスのコッツウォルズの町と湖水地方を中心に、観光ルートではない小さな村も訪れ、カントリーサイドからのインスピレーションをもとにデザインをした刺しゅうは旅の記録でもあります。

青木和子
刺しゅうのレシピ A to Z

アルファベット26文字のモチーフを、こだわって一文字ごとに並べた刺しゅうの世界。ワンポイントで使ったり、ページをそのまま刺しゅうして額装したり。花や野菜、動物、食べ物なども満載。

青木和子
クロスステッチ A to Z

アルファベット26文字のモチーフをクロスステッチで。すごく小さいもの、うんと広いもの、おいしいもの、少し痛いもの……などコンパクトな1冊に187の図案が満載。テクニックのポイントも。

青木和子
季節の刺しゅう SEASONS

四季のいろいろなシーンを刺しゅうで描きます。フリーステッチとクロスステッチで、カレンダーや季節のお便りにも使えるデザインや、ワンポイントで使ってもかわいい図案がいろいろ。